Luciano Canfora
Die verlorene Geschichte
des Thukydides
Rotbuch Verlag

Luciano Canfora
Die verlorene Geschichte des Thukydides

Aus dem Italienischen von Hugo Beyer
Mit Sach- und Personenlexikon, einer
Zeittafel zum peloponnesischen Krieg und einer
Nachbemerkung von Otto Kallscheuer

Rotbuch Verlag Berlin

1. Auflage

Originaltitel: Storie di oligarchi

Umschlag von Michaela Booth
Satz und Druck: Wagner GmbH, Nördlingen

ISBN 3 88022 755 1

Inhalt

THUKYDIDES

I Das Sizilische Fieber

Im Frühjahr 415 wurden die Athener von einer Art »Sizilischem Fieber« gepackt, einer Raserei, die Anker zu lichten, die Thukydides mit einem Wort, das er sonst nie verwendet, als »Eros« oder »übermächtige Leidenschaft« bezeichnet. »Sie wollten in Sizilien einfallen, um es zu unterwerfen. Tatsächlich kannten die meisten nicht einmal die Größe der Insel, wußten nicht, welche Völker sie bewohnten, wie viele davon Barbaren, wie viele Griechen wären! Ebensowenig waren sie sich darüber im klaren, daß sie sich damit auf einen kaum weniger großen Krieg als den gegen die Peloponnesier (Sparta und seine Verbündeten) einließen.« Und an dieser Stelle skizziert Thukydides in stolzer Polemik gegen die impulsiven Entscheidungen seiner athenischen Mitbürger mit dem ganzen Können eines ausgewiesenen Geographen und Ethnographen eine Geschichte Siziliens und seiner Besiedelung. Dann folgt der Kommentar: »So viele Völker, Hellenen und Barbaren, bewohnten Sizilien, und gegen diese mächtige Insel in den Krieg zu ziehen, schickten sich die Athener nun an: Der eigentliche Grund war ihr Wunsch, das ganze Land zu beherrschen, sie gaben jedoch vor, ihren Verwandten und deren später dazugestoßenen Bundesgenossen zu Hilfe zu kommen.«

Aber es gab auch solche, die noch ehrgeizigere Projekte entwarfen: etwa Alkibiades, den Zögling des Perikles, der schon in jugendlichem Alter zur Politik gestoßen war und sich bei schwierigen diplomatischen und militärischen Aufgaben in den letzten beiden Jahren hervorgetan hatte. Dessen Blick ging über Sizilien hinaus geradewegs auf Karthago. Ja, für ihn war die

Eroberung Siziliens geradezu »die Prämisse für die Eroberung Karthagos«.

Auf der Volksversammlung wurde hart gestritten. Schließlich setzte sich Alkibiades durch – wenn ihm auch der athenische Durchschnittsbürger mißtraute, weil er in dessen ungezügeltem Privatleben und der Unbedenklichkeit, sich für die Pferdezucht in Unkosten zu stürzen, eine Neigung zur Alleinherrschaft erkannte.
Doch Alkibiades wußte sich zum beredten und beruhigenden Anwalt jenes »sizilischen Fiebers« zu machen, das alle Athener bereits durchdrungen hatte (Plutarch hat später, ein Wort des Thukydides aufnehmend, von ihm gesagt, er hätte »jenem Eros die Glut verliehen«).
Thukydides analysiert die Mitglieder jener Volksversammlung, die sich für die Expedition entschieden hatten, nach Gruppen und findet für jede Gruppe einen spezifischen psychologischen Grund, der sie ins Abenteuer trieb. »In allen setzte sich in gleichem Maße der Trieb fest, die Anker zu lichten. Die Ältesten dachten, daß sie entweder die Insel unterwerfen würden, oder daß die Flotte – wenn man ihre Größe bedachte – doch wenigstens keinen Schaden nehmen würde. Die Jüngsten wurden von dem glühenden Wunsch angetrieben, ein fernes Land sehen zu können und vertrauten im übrigen darauf, heil und gesund zurückzukehren.« Während also die Alten auch die Möglichkeit eines Mißerfolges erwägen, so erscheinen die Jünglinge in der thukydideischen Analyse jener entscheidenden Versammlung zwar gleichzeitig übermütig und optimistisch, aber im Grunde auf ganz andere als die eigentlichen militärischen Ziele gerichtet: was sie anzieht, ist einzig das Reisen in

ferne Länder. Des weiteren macht Thukydides in der Volksmenge der zweiten und entscheidenden Versammlung noch eine dritte Gruppe aus, die er als »die große Masse der Soldaten« definiert. Für sie bestand der Vorteil der Expedition in der Möglichkeit durch neue Unterwerfungen die Einnahmen Athens zu erhöhen, woraus sich dann für sie, Lohnempfänger und Habenichtse, die man als Seeleute eingestellt hatte, eine »lebenslängliche Besoldung« finanzieren ließe.

Jedoch war – so merkt Thukydides an – bei allem Enthusiasmus die Versammlung in ihren Entscheidungen nicht völlig frei. Die übermächtige Leidenschaft der Mehrheit legte jeden immerhin denkbaren Dissens Einzelner lahm. Wenn jemand mit der Expedition nicht einverstanden war, dann schwieg er in der Furcht, daß ihm bei der Abgabe einer Gegenstimme die Rolle des »Staatsfeindes« zufiele (hier nimmt Thukydides einen abgenützten Begriff aus dem politischen Jargon der Demokraten wieder auf). Außerdem – bemerkt er kurz danach – sah sich sogar Nikias, also der Gegenspieler des Alkibiades auf der politischen Bühne, im Grunde dazu gezwungen, das Gegenteil dessen zu sagen, was er dachte. Er war dem militärischen Abenteuer abgeneigt und hatte während beider Versammlungen in seinem ständigen Bemühen, die Risiken der Expedition herauszustellen, nahezu Obstruktion betrieben, bis er schließlich durch den Zwischenruf eines Atheners in die Enge getrieben wurde, der Nikias direkt herausforderte: »Er solle jetzt nicht weiter nach Vorwänden und Verzögerungen suchen, sondern endlich vor allen öffentlich angeben, wie das Expeditionskorps nach seiner Ansicht denn aussehen müsse.« So wurde Nikias schließlich »gegen seinen Willen« gezwungen, Stellung zu beziehen und sprach sich für »nicht weniger als hundert Trieren und fünftausend Hopliten« aus. Die Volksversammlung stimmte sofort zu und gab den drei designierten Heerführern Alkibiades, Nikias und Lamachos unbegrenzte Vollmachten.

II Alkibiades

Dadurch, daß er die Volksversammlung dahin brachte, sich für den Einstieg in das riskante sizilische Unternehmen zu entscheiden, konnte Alkibiades in Wirklichkeit noch einen weiteren Erfolg verbuchen. Es war ihm nämlich gelungen, die politische Autorität des Nikias, des Schöpfers des so vorteilhaften Friedens von 421, endgültig zu unterminieren: Denn dieser war nicht nur jedem militärischen Abenteuer abgeneigt, das das erreichte Gleichgewicht zerbrechen würde. Als strikter Hüter der Leitlinie des Perikles, nie die Sicherheit Athens durch imperialistische Unternehmungen aufs Spiel zu setzen, strebte er zweifellos auch an, sich als dessen wahrer Erbe und Fortsetzer zu etablieren. Ihm stellte sich jedoch – praktisch von dem Augenblick an, in dem der Frieden eingekehrt war – der Ziehsohn des Perikles entgegen: Alkibiades.

Es ist bemerkenswert, wie sehr Thukydides in seinem Urteil über die Gestalt des Alkibiades zu schwanken scheint, oder – wahrscheinlicher – wie er ganz allmählich das eigene Urteil über diesen letzten »großen Athener« des fünften Jahrhunderts korrigiert: beinahe schon eine doppelgesichtige Gestalt, halb noch dem fünften Jahrhundert zugewandt (sein Eroberungsplan von Sizilien und Karthago wird von ebenso ehrgeizigen – und ruinösen – Absichten genährt wie seinerzeit der ägyptische Plan des Perikles)* und zur

* Canfora spielt hier auf die athenische Expedition (460-454) zur Unterstützung des vom persischen Großkönig abgefallenen Lybierkönigs Inaros an. Sechs Jahre lang konnte sich das athenische Expeditionskorps in Memphis halten, bis es schließlich 454 von den Persern vernichtend geschlagen wird. Vgl. Thukydides' Schilderung im Buch I, 104, 109-110 (O.K.).

Hälfte bereits dem vierten Jahrhundert. Man denke nur an seine demütigende Beziehung zu dem Satrapen Tissaphernes (in der schon die im folgenden Jahrhundert auftretende Abhängigkeit eines Konon und später eines Demosthenes von persischen Weisungen und von persischem Geld vorweggenommen wird). Aber für Thukydides, der uns über die Beziehungen zwischen Alkibiades und Tissaphernes eine Buchseite psychologischer Analyse hinterlassen hat, in der er durchaus zugibt, daß er selbst daran zweifelt, ob es ihm möglich sei, das Denken eines Satrapen wirklich zu verstehen, ist Alkibiades trotz der Ungeheuerlichkeit des sizilischen Desasters der Mann, der Athen immer noch vor der Niederlage hätte retten können – hätten es seine Mitbürger nicht vorgezogen, seinen persönlichen Feinden Glauben zu schenken und ihn zwei Mal aus Athen zu verweisen: Und dies, »obwohl er doch in seiner Amtsführung den Erfordernissen des Krieges aufs trefflichste begegnete«. – Wenn Thukydides diese Sätze bei seiner einführenden Charakterisierung des Alkibiades schreibt, so denkt er dabei natürlich bereits an die Ereignisse der letzten Kriegsjahre. – Doch die Athener »haßten allesamt seine persönliche Lebensführung, übertrugen deshalb anderen das Kommando und stürzten so in kürzester Zeit den Staat ins Verderben«. Man begreift: Hier schreibt ein Thukydides, der mittlerweile sein definitives Urteil hat reifen lassen und bereits Zeuge des Untergangs von Athen war. Für Thukydides, einen Bewunderer der Vortrefflichkeit des Themistokles in der »vorausschauenden Erahnung künftiger Ereignisse«, war es gewiß nur ein bitterer Trost, daß er sich selbst in seiner Geschichte des peloponnesischen Krieges mit einer zwar (wie ihm schien) richtigen, sich aber nur auf vergangene Ereignisse beziehenden Diagnose bescheiden mußte – statt sie als »vorausschauendes« Wissen für künftiges Handeln fruchtbar machen zu können.

An anderen Stellen jedoch – und wahrscheinlich sind es jene, die mehr oder weniger unter dem Eindruck der Vorbereitungen oder des Verlaufs des sizilischen Feldzuges geschrieben wurden, oder als es nach seinem katastrophalen Ende so schien, als würde sich Athen, der Blüte seiner Kämpfer und aller Schiffe beraubt, nicht mehr erheben können und man müßte jeden Augenblick von der See mit einem Angriff der Spartaner oder Syrakusaner auf den Hafen Piräus rechnen –, also kurz gesagt unter dem lebendigen Eindruck der Ereignisse scheint Thukydides eher der Diagnose des Nikias zuzuneigen: Der Angriff auf Syrakus sei ein schwerwiegender Irrtum gewesen, der Athen von den weisen Regeln des Perikles (»keine Risiken eingehen, um das Reich zu vergrößern«) wegführte und die Stadt vor allem sehr bald zwischen zwei Fronten bringen mußte; denn Sparta würde früher oder später unweigerlich von dem militärischen Engagement Athens in entfernten Gegenden profitieren – was dann ja auch prompt eintraf.
Diesen beiden Bewertungen der Rolle, die für Thukydides die sizilische Unternehmung beim Untergang Athens gespielt hatte, folgen eigenartigerweise an anderer Stelle in einem und demselben Kapitel aufeinander: In einer langen Abschweifung, die von der Nachricht vom Tode des Perikles ausgeht und die anscheinend zu zwei verschiedenen Zeiten verfaßt wurde, zur Hälfte unter dem Eindruck der sizilischen Niederlage, zur Hälfte nach dem Ende des Krieges.

III Die große Armada sticht in See

Das athenische Expeditionskorps lichtete in Piräus in einer Volksfestatmosphäre die Anker. Thukydides läßt sich ausführlich über die Stimmung bei denen aus, die jetzt in See stachen, und bei denen, die von der Sache Abstand nahmen. Die Massenpsychologie der Athener ist einer der Gegenstände, die er mit größter Hingabe und mit analytischem Geist erforscht. Die Athener als die Protagonisten der politischen Entscheidungen, die also über eine gewaltige Macht verfügen, die ihnen das demokratische System verleiht, gehören zu den Menschen, denen Thukydides' besonderes Augenmerk gilt. Er beobachtet sie, wie sie sich, vom »sizilischen Fieber« gepackt, leichtfertig für die verderbliche Expedition entscheiden; er beobachtet sie in dem Augenblick, in dem mit zunehmendem Abstand ihr Enthusiasmus die ersten Risse bekommt.
»Die Athener ... zogen gemeinsam mit denen, die frühmorgens in See stachen, zum Piräus hinunter. Ihnen folgte fast die gesamte Bevölkerung der Stadt, Stadtbürger und Fremde. Die einen begleiteten Freunde, die anderen Verwandte, wieder andere die eigenen Söhne... Und sie fragten sich, ob sie sie wohl jemals wiedersehen würden und überlegten bei sich, welch gewaltiges Meer sie von ihrer Heimat trennen würde.« Und Thukydides läßt sich diese Widersprüchlichkeit der Situation nicht entgehen: »In diesem Augenblick der Trennung und der Konfrontation mit der Gefahr kamen ihnen nun die Risiken viel gewaltiger vor als damals, da sie den Entschluß gefaßt hatten, die Anker zu lichten. Und trotzdem: angesichts einer solchen Machtentfaltung und der Unzahl von vorbereitenden Maßnahmen, die sie erblickten, faßten sie wie-

der Mut.« Es ist, als bestünde Thukydides in diesem Teil seiner Chronik besonders darauf, daß die Athener die Dinge *sehen*. Der Historiker beobachtet die anderen, die um sich blicken; und er stellt fest, daß der »Anblick« ihnen wieder Mut gibt, ebenso wie der Anblick der jetzt scheidenden Verwandten sie verstört hatte. Untergründig spielt dabei die Auffassung hinein, das Sehen sei der am wenigsten trügerische aller Sinne. In aufeinanderfolgenden Versammlungen hatten die Athener zwar über Sizilien phantasiert, aber sie wußten nichts davon, worauf Thukydides gleich zu Beginn des sechsten Buches hinweist: »sie kannten nicht einmal die Ausmaße der Insel«. Das Sehen bringt sie nun auf den Boden der Tatsachen zurück, und wiederum das Sehen, nämlich der Anblick der riesigen Kriegsmaschinerie, gibt ihnen erneute Sicherheit.

Die Fremden und alle diejenigen, die nicht aus einem unmittelbaren familiären Anliegen heraus zum Piräus hinabgestiegen waren, waren – so bemerkt Thukydides – wie zu einem ebenso ungewöhnlichen wie unglaublichen »Spektakel« gekommen. Der herrliche Anblick dieser Flotte erregte mehr Aufsehen (so schließt Thukydides seine Beschreibung der Abschiedsszene) als die Größe der Unternehmungen, deren Werkzeug sie war. Er hält sich so sehr bei den Momenten auf, die dem Aufbruch vorausgingen, bei den Gedanken der Menschen, bei Gesten wie dem gleichzeitigen gemeinsamen Trankopfer auf allen Schiffen und beim Gebet, das alle Fahrenden gleichzeitig auf den Schiffen rezitierten (und nicht Schiff um Schiff, wie man es gewohnt war) und das vom festen Land aus wie durch ein Echo wiederholt wurde.
Diese genaue Beobachtung solcher Einzelaspekte erhält eine besondere Bedeutung, wenn man sie zur we-

nig später erfolgenden Schilderung der verzweifelten Aufnahme der sizilischen Katastrophe in Athen in Beziehung setzt: »Nicht nur die Stadt als Ganzes, sondern jeder Einzelne war um viele Hopliten und Ritter gekommen und um ein Aufgebot von Jünglingen, für die sie keinen Ersatz sahen; und das bedrückte sie sehr. Da sie weder genügend Schiffe in den Kriegswerften, noch Geld in der Staatskasse, noch Seeleute für die Schiffe sahen, verzweifelten sie und waren davon überzeugt, daß es für sie keinen Ausweg mehr gäbe.« Was die Athener also nicht mehr erblicken, was sie mit den Augen suchen und nicht finden, ist gerade das, bei dessen Anblick ihr kurz währendes Erschrekken im Augenblick des Aufbruchs nach Sizilien sich gelegt hatte. Die Entsprechung zwischen den beiden Abschnitten (im sechsten und achten Buch des Thukydides) ist offensichtlich, unter anderem durch den auch hier eindringlichen Bezug auf das »Sichtbare« – diesmal allerdings ins Negative gewendet (»sie *sahen* keine Schiffe mehr, sie *sahen* keine Jünglinge mehr«).

Wieder einmal beherrscht die Massenpsychologie das Feld: »Geraume Zeit hindurch schenkten die Athener den Überlebenden, die von einer so vollständigen Niederlage berichteten, keinen Glauben... Als sie dann aber zur Gewißheit kamen und die Katastrophe in ihrem ganzen Ausmaß begriffen, legten sie sich mit den Politikern an (wörtlich: den Rednern), die sie zu dem Unternehmen überredet hatten, als hätten sie selbst nicht dafür gestimmt. Sie wüteten gegen Orakeldeuter, Wahrsager und alle anderen, die sie seinerzeit zur Eroberung Siziliens angestachelt hatten, indem sie die Götter in die Angelegenheit hineinzogen.« Schon sahen sie im Geist die Flotte der Syrakuser am Piräus landen. Sie fürchteten, daß unterdessen ihre Feinde in

Griechenland, jetzt im Besitz doppelter Überlegenheit, sie ebenfalls von der See und zu Lande angreifen würden, im Verein mit ihren abgefallenen Verbündeten. Doch die klare Einsicht in die Katastrophe bewirkt unter den Athenern auch ein Auffahren, ein verzweifeltes Zusammenfassen aller seelischen Kräfte: »Und dennoch waren sie entschlossen, soweit ihre Mittel noch reichten, sich nicht geschlagen zu geben. Sie entschieden sich dafür, eine Flotte nachzurüsten, indem sie sich auf jede mögliche Weise das Holz dafür verschafften, weiterhin für die Ansammlung eines Kriegsschatzes sowie dafür, die Verbündeten – und vor allem Euböa – wieder an sich zu binden. Sie legten sich auf eine vorsichtigere Wirtschaftspolitik fest und richteten einen ›Rat der Alten‹ ein, der je nach Stand der Dinge über Maßnahmen vorberaten sollte.« Dieser Eifer für Neuerungen und gute Vorsätze ist auch der Anlaß für eine letzte Bemerkung des Thukydides über den Seelenzustand der Athener in jenem Augenblick der Niederlage, die sich zu einer allgemeinen Betrachtung über die Psychologie der Massen ausweitet: »Alles zusammengenommen waren sie im Schrecken des Augenblicks zu jedem Gehorsam bereit, wie es gewöhnlich beim Volke der Fall ist.«

IV Skandale

Als die ganze Stadt zum Piräus gestürzt war, um die große Armada beim Auslaufen zu grüßen, da erwies sich dieser Augenblick von Feier und Abschiedsschmerz auch als ein Heilmittel für die Angst, in die die Stadt seit einiger Zeit getaucht war. Einige Tage zuvor hatten nämlich die Athener beim Aufwachen die steinernen Hermen (also die quadratischen Pfeiler mit dem Haupt und dem Phallos des Hermes, die Hipparchos, der Sohn des Peisistratos überall in Attika hatte aufstellen lassen) verstümmelt und ihres Fruchtbarkeitsattributs beraubt vorgefunden, vielleicht durch einen mutwilligen Streich der *jeunesse dorée* oder vielleicht, weil irgendjemand eine politische Provokation größten Ausmaßes ins Werk setzen wollte.

Thukydides flicht den Bericht über den Skandal geschickt in seine Schilderung der feierlichen und turbulenten Ausfahrt der Flotte ein. Für ihn hatte das Volk die Sache »ein wenig zu ernst genommen«, und zwar nicht nur als ein schlimmes Omen für die Ausfahrt, sondern auch, weil es plötzlich darin eine antidemokratische Verschwörung erblickt hatte. Bei dieser Gelegenheit zeigt sich die chronische Angst vor dem Staatsstreich, die für den Durchschnittsathener typisch ist und die bei gestandenen Politikern so viel Sarkasmus erweckt. Ein Vorurteil und ein schwer zu beschwörendes Gefühl, störend vor allem aufgrund der damit verbundenen Alarmstimmung. In der Mehrzahl der Fälle erwies sich diese Angst als unmotiviert, aber dieses Mal – wenn sich Thukydides auch alle erdenkliche Mühe gibt, die Borniertheit des von Komplottängsten geschüttelten Durchschnittsdemokraten aufzuzeigen (»Sie bauschten die Sache auf und verbreiteten, das Ziel des blasphemischen Anschlags liege darin, die Demokratie zu zerschlagen«) – gab es sehr wohl einen Grund, und die Angst war vielleicht ein Indiz für das feine politische Gespür der Leute. Schließlich ist es eine Tatsache, daß wenige Jahre später die Sprößlinge aus den besten Familien, die Freunde des Sokrates und der Sophisten, die Verächter des Pöbels, den *Putsch* im Ernst versuchen sollten. Und dann würde auch Alkibiades, der dieses Mal mehr als jeder andere verdächtigt wurde, die geheime Antriebskraft hinter dem Anschlag zu sein, bis zuletzt unentschieden schwanken, ob er beim Putsch mitmachte – wobei er sich vielleicht endgültig aus der Politik herauskatapultiert hätte – oder ob er sich am Ende, gerade er, wie alle Adligen ein Pferdenarr, als Rächer und Wiederhersteller der Demokratie präsentieren sollte.

Aber alles dieses sollte sich erst später ereignen, als es klar war, daß die Flotte, die zum Kampf gegen Syrakus ausgesandt worden war, zerstört war, und daß von den Männern und den Anführern und von den Schiffen nichts mehr übriggeblieben war. Sicherlich, im Augenblick richtete sich der Verdacht sofort gegen Alkibiades und seine Freunde. »Einige Metöken und Sklaven brachten Anklagen vor. Über die Sache mit den Hermen wußten sie zwar nichts zu sagen, behaupteten aber, daß in der Vergangenheit auch andere Statuen von angetrunkenen jungen Burschen verstümmelt worden seien, außerdem, daß in Privathäusern Mysterienfeiern zum Spott travestiert würden. Und sie wiesen auf Alkibiades als auf einen von den Verantwortlichen hin.« In einer derart vergifteten

Atmosphäre konnte Alkibiades nur eine einzige Strategie verfolgen, nämlich zu verlangen, daß umgehend ein Gerichtsverfahren gegen ihn eingeleitet würde, damit er sich rechtfertigen könne.
Er selbst provozierte sogar seine Gegner, indem er sagte, sie könnten ihm ein Heer wie das, welches bereit stand, in Richtung Syrakus in See zu stechen, nicht anvertrauen, wenn sie ihn so schwerer Missetaten verdächtigten. Aber gerade das wollten seine Gegner vermeiden: Denn in Gegenwart der zum Einsatz bereiten und durchwegs von ihrem glänzenden und jungen Kommandanten – der sie ins Abenteuer hineinführen sollte – begeisterten Truppen wäre der Prozeß für Alkibiades mit einem triumphalen Sieg ausgegangen. Deshalb sorgten sie dafür, daß er zunächst einmal aussegelte und eine zweideutige Ungewißheit hinter sich zurückließ. Der Entschluß lautete, »er solle jetzt einmal in See stechen, man könne die Ausfahrt nicht weiter verzögern. Es würde ein Tag für den Prozeß festgesetzt werden, und zwar nach seiner Rückkehr«. »Ihre Absicht war«, bemerkt Thukydides, »ihn zu einer ihnen genehmen Zeit unter dem Gewicht schwererer Verleumdungen, die sie leichter in seiner Abwesenheit konstruieren konnten, in die Heimat zurückzurufen und vor Gericht zu stellen«.
Bei diesem ziemlich undurchsichtigen Skandal, bei dessen Betrachtung es jedoch schwer fällt zu glauben, daß Alkibiades ihm völlig fern stand, ergreift Thukydides eindeutig Partei. Seine Darstellung hat das Ziel, die Ankläger des Alkibiades zu disqualifizieren, wenn er ihnen nicht ganz einfach unlautere Absichten unterstellt. Der ganze Verlauf der Untersuchung scheint ihm dadurch beeinträchtigt zu sein, daß man pauschalen Denunziationen Glauben schenkt, deren einziges Resultat darin bestand, »daß man auf das Wort des

Pöbels hin die ehrenwertesten Bürger verhaftete« – eine für Thukydides ungewohnt schematische Redeweise, die uns fast an den kruden Klassenstandpunkt des »alten Oligarchen« erinnert* und beweist, wie sehr sich hier die Parteilichkeit des Thukydides zuspitzt. Alkibiades ist in seinen Augen das Opfer seiner eigenen persönlichen Feinde, die von der in der Öffentlichkeit herrschenden Verstimmung profitieren.
Wie dem auch sei, das Ermittlungsverfahren mit Bezug auf die Verstümmelung der Hermen wurde abgeschlossen, weil Andokides, einer der herausragendsten Junker der großen athenischen Familien, sich selbst und andere des religiösen Frevels beschuldigte. Darauf folgten einige Todesurteile. Irgendjemand ergriff die Flucht. Gegen die Begründung dieses Ausgangs des Verfahrens meldet Thukydides Zweifel an, leugnet aber nicht, daß damit wenigstens die Spannung gemildert wurde. Was niemand vorhersehen konnte, ist, daß nachdem die erste Untersuchung irgendwie zu einem Ergebnis gekommen war, »das Volk von Athen« sich mit noch größerem Mißtrauen gegen Alkibiades wandte, dessen Name immerhin in Verbindung mit der Profanation der eleusinischen Mysterien gefallen war. Es gab vielmehr – notiert Thukydides – damals in Athen eine derartige Zuspitzung von Verdächtigungen gegen den abwesenden Alkibiades, daß alles, was auch immer schief ging, auf seine Rechnung geschrieben wurde: das ging von spartanischen Truppenbewegungen in der Nähe des Isthmos bis zu einer

* Anspielung Canforas auf die Demokratiekritik, die sich in der Schrift *Über den Staat der Athener* (des Pseudo-Xenophon) findet, als deren anonymen Autor manche Interpreten Kritias, den Drahtzieher und Ideologen der oligarchischen Militärdiktatur der »Dreißig« angesehen haben. Vgl. Canforas Rekonstruktion und Interpretation dieser Schrift in seiner Ausgabe: Anonimo Ateniese, *La democrazia come violenza*, Palermo 1982. Zur »gemäßigt oligarchischen« Einstellung des Thukydides vgl. L. Canfora, *Tucidide. L'oligarcha imperfetto*, Roma 1988, Kapitel IV., S. 49 ff. (O. K.)

frei erfundenen antidemokratischen Verschwörung im verbündeten Argos. Die kollektive Psychose ging so weit, daß – in Erwartung eines imaginären feindlichen Überraschungsangriffs, dessen verborgene Triebkraft Alkibiades sein sollte – »die Bürger im Tempel des Theseus innerhalb der Mauern eine durchwachte Nacht in Waffen verbrachten«; eine sarkastische Anmerkung, die die kollektive Emotionalität des »Volkes von Athen« ins Lächerliche ziehen soll.

Die Verurteilung des Alkibiades stand schon vor Beginn des Prozesses fest: »Von allen Seiten umgaben Alkibiades die Verdächtigungen. Man wollte ihn vor ein Gericht zerren, um ihn hinzurichten.«

V Geständnis und Urteil

Thukydides kennt sich hinter den Kulissen aus, er weiß um Stimmungslagen und Verschwörungen: ohne viele Beweisgründe bringt er seine Wahrheit vor, von der er überzeugt ist: die Unschuld des Alkibiades. Er disqualifiziert den ganzen Prozeß, der zur summarischen Verurteilung der vermuteten Verstümmler der Hermen geführt hatte. Er prangert die vom Vorurteil bestimmte Art und Weise an, in der Alkibiades in die Sache hineingezogen wird. Er drückt sich aus wie einer, der die ganze Sache selbst durchlebt hat, eine ziemlich vertrackte Angelegenheit, über die zudem keiner der Hauptbeteiligten ein Interesse hatte, all das auszusagen, was er wußte.

Gleichwohl, Thukydides ist im Besitz einer Wahrheit, die er vorbringt. Und er erlaubt sich auch da, wo er es für nötig hält, eine Redeweise voller Anspielungen und eigenartigen Verschweigungen. So »erniedrigt« er sich zum Beispiel nicht soweit, den Namen eines derart verworfenen Menschen, wie Andokides einer war, zu nennen: er sagt bloß, daß, als der Terror seinen Höhepunkt erreicht hatte und die Festnahmen »ehrenwerter Männer« von Tag zu Tag häufiger wurden, »einer der Verhafteten, der mit Haut und Haar in die Sache verwickelt schien« – eben gerade der Redner Andokides, wie wir aus der berühmten Rede wissen, in der er Jahre später die ganze Sache aus seiner Sicht darstellt –, »von einem Mithäftling überzeugt wurde, zu ›singen‹, wobei es nichts ausmache, ob er Wahres oder Falsches erzählte«. Alles gründet sich also auf das Schuldbekenntnis dieses Mannes. Und um dieses zu disqualifizieren, genügt es Thukydides, auf die Begründungen und Argumentationen, die in der Stille des Kerkers vorgebracht wurden und zu einem solchen Geständnis führten, abzuheben: daß es nämlich für den Beschuldigten besser war, »wenn er es auch nicht getan habe, für sich Straffreiheit und Rettung zu erlangen« – und wenigstens, indem man dem Volk eine Handvoll erlauchter Namen zum Fraß hinwarf, allen anderen die Gemütsruhe wieder zu verschaffen. Thukydides versäumt nicht, auf die Ungeheuerlichkeit hinzuweisen, die darin liegt, daß sich das Volk höchst zufrieden an jene »Wahrheit« klammert: »Das Volk von Athen begrüßte freudig, was es für die Wahrheit hielt.«

Für Thukydides blieb die Wahrheit verborgen. In diesem Punkt bleibt er unerschüttert und geht ins Einzelne: er unterscheidet zwischen dem, was man »im Augenblick« verstehen und wissen könne, da die Sache noch im Gang ist, und dem, was man »später« erfahren könne. (Dieses »später« sollte uns nicht verwundern; denn die Angelegenheit hatte hier noch kein Ende, besonders, was die Beziehungen zwischen den Hauptpersonen betraf. Die Hauptakteure im politischen Kampf sollten noch lange Zeit hindurch dieselben bleiben: der Demagoge Androkles, der am Vorabend des Staatsstreichs von 411 von der *jeunesse dorée* erschlagen werden würde, ist einer von denen, die zum Zeitpunkt des Skandals am schärfsten gegen Alkibiades gewettert hatten.) Die Bilanz, die Thukydides aus seiner eigenen Erfahrung mit der Sache zieht, ist also, daß »niemand die ganze Wahrheit über die für den Frevel Verantwortlichen erfahren konnte, weder damals noch später«.
Auch Thukydides' Schweigen über den Namen des Andokides sowie über den Namen des Mannes, der Andokides zum Geständnis brachte, gehört mit zu die-

ser »Bilanz«. Diese Zurückhaltung zeugt vielleicht von Parteilichkeit, vielleicht auch von Vorsicht. Immerhin ist es ein Schweigen, in dem man die Atmosphäre jenes Augenblicks verspürt. Ein gewiß absichtsvolles Schweigen, das umso merkwürdiger erscheint, wenn man bedenkt, daß Thukydides andererseits den Dialog zwischen den beiden Ungenannten im Gefängnis fast protokollarisch genau wiedergibt. Es handelt sich bei den beiden Beschuldigten schließlich nicht um irgendwelche Metöken oder Sklaven, sondern um Aristokraten, mit deren Gerichtsverfahren Athen sich praktisch noch viele Jahre beschäftigen sollte.

VI Das Trauma der Tyrannis

Wenn Thukydides von der während der Monate der Untersuchung herrschenden Atmosphäre spricht, dann ist der Zug, den er nachdrücklich und beinahe zum Überdruß wiederholt, das Mißtrauen. Die Formel »alle nahmen das voller Mißtrauen zur Kenntnis« kommt mehrere Male direkt hintereinander vor. Sie ist auch die erste Wendung auf die Thukydides zurückgreift als er den Faden der Erzählung unmittelbar nach der Abschweifung über die Tyrannenmörder wieder aufgreift.* Wieder einmal erforscht er hier tatsächlich eher das Verhalten des kollektiven Subjekts seiner Geschichte, nämlich des »Volkes von Athen«, als die Handlungen einzelner Individuen. Der immer vorhandene Verdacht, die leichtgläubige Begeisterung bei Gelegenheit des ersten Schuldbekenntnisses, die Zähigkeit, mit der die Skandale mit vermuteten oligarchischen Anschlägen in Verbindung gebracht werden, ja sogar mit militärischen Ereignissen außerhalb Athens – bis zu der grotesk-komischen Nachtwache in Waffen in Erwartung eines eingebildeten Feindes –, das sind die Mosaiksteinchen der thukydideischen Massenpsychologie. Es ist eine verworrene Psychologie einer konfusen Masse, in der sich politische Witterung mit Mythomanie mischt. »Das Volk wußte wohl aus der Tradition, daß die Tyrannis unter Peisistratos und seinen Söhnen am Ende sehr drückend geworden war und daß sie im übrigen nicht durch ihr eigenes Ver-

* Gemeint ist der Exkurs über die Verschwörung gegen die Peisistratiden (die Söhne des 528/7 gestorbenen Tyrannen Peisistratos), Hippias und Hipparchos (letzterer fiel dem Attentat zum Opfer, Hippias wurde hingegen erst durch das Eingreifen der Spartaner 510 abgesetzt) Thukydides, *Der peloponnesische Krieg*, VI, 54-59.

dienst der Athener oder das des Harmodios gebrochen worden war, sondern durch die Spartaner. Deswegen hatten sie beständige Angst und nahmen alles mit Verdacht auf.«
Um zu zeigen, wie sehr die Tyrannenangst, »die Witterung eines Hippias« immer nahe ist, fügt Thukydides hier in die Erzählung eine Bearbeitung einer seiner gelehrten historischen Rekonstruktionen ein, bei der es darum geht, aufzuzeigen, was sich bei dem fehlgeschlagenen Attentat von Harmodios und Aristogeiton tatsächlich abgespielt hat. Vielleicht benutzt er hierzu ein Fragment, das Teil einer »Griechischen Geschichte« in der Manier des Herodot werden sollte, an der er selbst arbeitete, als der Krieg ausbrach. Vielleicht paßt der Exkurs nicht an diese Stelle, und noch viel weniger dient er der Weiterführung des Berichts, und vielleicht ist er auch ungeschickt in den Kontext eingefügt, aber er dient Thukydides zu einem wesentlichen Zweck: das Augenmerk auf den Alptraum der Tyrannenangst der Athener als das Zentrum des Skandals zu richten. Deshalb fährt er fort – nachdem er den historischen Vorfall, dessen Opfer derselbe Hipparchos geworden war, der weiland Attika mit Hermen vollgestellt hatte (vielleicht hat auch dieser Zusammenhang Thukydides zur Entscheidung veranlaßt, gerade hier diesen Exkurs einzuschieben) –, gleichsam mit »dem Kopf des Volkes« zu raisonnieren: »Weil nun das Volk von Athen all dies überdachte und sich erinnerte, was es vom Hörensagen davon wußte, verfuhr es damals so streng und mißtrauisch gegen die des Mysterienfrevels Verdächtigen, in der Meinung, alles sei auf eine Oligarchen- oder Tyrannenverschwörung abgesehen.« Die letzten Worte entsprechen dem politischen Jargon der Zeit und werden hier den Athenern in den Mund gelegt, was sich unter an-

derem daraus ergibt, daß »Oligarchie und Tyrannis« aneinandergefügt werden, was wenig sinnvoll ist*, aber zum demokratischen Vokabular gehört. Daher rufen dann am Vorabend des Staatsstreichs von 411 die athenischen Greise des Chors der *Lysistrata* da, wo sie sagen wollen, daß sie oligarchische Verschwörungen wittern: sie »verspürten die Witterung des Hippias«.

Der nach Thukydides Auffassung verhängnisvolle Ausgang der Sache war, daß die Athener kurz nach Beginn des Feldzuges in Sizilien Alkibiades zurückriefen. Sie schickten das Schiff Salaminia mit dem Auftrag nach Syrakus, Alkibiades nach Athen zurückzubringen – zur Farce eines Prozesses, dessen Ausgang von allem Anfang feststand: »Sie wollten ihn umbringen.« Thukydides zeigt sich in der Lage (und hebt das stark hervor), die geheimen Anweisungen für die Männer wörtlich wiederzugeben, die den Auftrag hatten, Alkibiades nach Athen zurückzubringen, ohne daß ihm der Verdacht käme, in eine Falle zu laufen: »Die Instruktion für die Männer, die angewiesen wurden, Alkibiades nach Athen zurückzubringen, lautete, ihm zu sagen, daß er ihnen folgen solle, um sich in Athen rechtzufertigen, ihn aber keinesfalls zu verhaften und ihn mit Respekt zu behandeln, um ihre eigenen Soldaten in Sizilien nicht zu erregen. Vor allem aber wollten sie, daß nicht die Mantineier und Argeier dortblieben, die an der Expedition ja – wie sie meinten – vor allem deshalb teilnahmen, weil er sie dazu be-

* Jedenfalls nicht im Sinne der antiken Staatslehre, in der die Oligarchie eine Verfallsform der Aristokratie (der »Herrschaft der Besten«) darstellt, während die Tyrannis aus der »Pöbelherrschaft« als der Verfallsform der Demokratie hervorgeht. Vgl. etwa Platons *Staat*, Buch VIII, und Canforas Kommentar zur antidemokratischen Kampfschrift des »anonymen Oligarchen« *La democrazia come violenza* (O. K.).

wegt hatte.« Aber schon in Thurioi sollte Alkibiades nach Sparta flüchten und sich über seine »rücksichtsvollen« Kerkermeister lustig machen.

VII Die Verschwörung

Seit man in Athen eine klare Vorstellung vom Ausmaß der sizilischen Katastrophe besaß, hatte sich das politische Klima verändert. Ein erstes Zeichen waren bereits 413 die aus der Verzweiflung geborenen Vorsätze gewesen, »ein gutes Stadtregiment« einzuführen – über die Thukydides den Schleier der Ironie legt. Tatsache ist, daß für die Feinde der Demokratie, also für diejenigen, die sie immer schon als die schlimmste aller Verfassungen abgelehnt hatten, diese Katastrophe der Beweis dafür war, wie verhängnisvoll ein solches Regime sich auswirkte, ein Regime, unter dem – wie sich der »alte Oligarch« ausdrückt* – »jeder beliebige Stimmbürger das Wort ergreifen kann« und deshalb die Stadt durch die übereilte Entscheidung eines Tages in den Ruin gestürzt werden kann. Vor allem ist die Demokratie ein System zum Verzweifeln: »Das Volk kann immer die Verantwortlichkeit für die Entscheidungen auf den Einzelnen abschieben, der eine Maßnahme vorgeschlagen oder zur Abstimmung gebracht hat, während die anderen mit den Worten: ›Ich war nicht dabei!‹ wegtauchen.« Hier wird dieselbe Verantwortungslosigkeit gebrandmarkt wie bei Thukydides, als er bei der Nachricht der Katastrophe von der Empörung der Menge über die Politiker berichtet, die die sizilische Expedition begünstigt hatten, »als ob sie selbst nicht dafür gestimmt hätten«.

Kurz gesagt, jetzt schien der Zeitpunkt der Abrech-

* D. h. der anonyme Autor der (früher fälschlich dem Xenophon zugeschriebenen) Schrift *Über den Staat der Athener*, die Canfora als antidemokratischen Dialog aus den ersten Jahren des peloponnesischen Krieges interpretiert. Siehe seine Edition *La democrazia come violenza*, a. a. O. (O. K.).

nung gekommen zu sein. Das Desaster war zu gewaltig, die Erregung und die Angst waren zu stark und die Gelegenheit deshalb zu günstig, als daß die Oligarchenkreise, die geheime Opposition, die alten Heuchler und die jungen Herrchen der antidemokratischen Reaktion nicht zur Tat geschritten wären. Die Ernennung der zehn »greisen Ratgeber« für die Politik der Stadt – die zweite Maßnahme, die im Jahre 413 unter dem unmittelbaren Eindruck der Niederlage getroffen wurde, war nur ein erstes Zeichen für das neue politische Klima, das da heranreifte.

Ein Klima, in dem die Rollen allmählich getauscht werden. Wenn in der Zeit der Vorherrschaft des Volkes und seiner Versammlungen die edlen Vertreter der Herrenkaste, die »Feinde des Volkes«, meistens schweigen, beginnt sich nun das Gegenteil abzuzeichnen. Jetzt verkünden die Oligarchen vor der Volksversammlung ein Programm, das die Grundlage der perikleischen Demokratie selbst infragestellt, nämlich das Mindesteinkommen für alle: Sie traten dafür ein, daß nur die, die unter den Waffen standen, ein Einkommen erhalten könnten und daß nicht mehr als fünftausend Bürger zur Politik Zugang haben dürften. In normalen Zeiten hätte niemand einen solchen Vorschlag auch nur vorbringen dürfen, ohne unter die gefährliche Anklage, ein »Volksfeind« zu sein, zu fallen. Die Volksversammlung und der Rat traten auch jetzt weiterhin zusammen, entschieden aber nichts, das die Verschwörer nicht zuvor gutgeheißen hätten, »und von da an sprachen nur diese in der Versammlung und übten gegenüber allen Initiativen anderer eine präventive Zensur aus«.

Die politische Krise Athens in jenen entscheidenden Monaten des Frühjahrs 411 zeigt sich in aller Deutlichkeit in dieser Veränderung: Die Oligarchen haben

die Macht ergriffen, indem sie sich einfach der Einrichtungen des demokratischen Stadtregiments bedienten, ganz so, wie sich die modernen autoritären Regimes in der Regel durch Wahl und Volksentscheid etabliert haben.
Die athenische Volksversammlung hat selbst ihr eigenes Ende dekretiert in einem Klima, in dem sich die Oligarchen des Wortes bemächtigt hatten und das Volk und seine überlebenden Anführer schwiegen. Die Triebkraft hinter einer solchen Verkehrung der Rollen liegt nicht allein in der Bestürzung und der Willenslähmung als Folgen der Niederlage, sondern auch, und sogar wesentlich, im von der *jeunesse dorée* entfesselten weißen Terror.

Thukydides hat der Beschreibung und der psychologischen Analyse dieses Klimas in der Disposition seiner Darstellung einen großen Raum gegeben. Es ist für ihn gleichsam die ideale Ergänzung zu dem Hermenskandal und dem der geschändeten Mysterien: jenes Streben nach der Tyrannenherrschaft, das damals einige verspürten und andere fürchteten, fand endlich in dem auf die sizilische Katastrophe folgenden Frühjahr seine Bestätigung. Die handelnden Personen waren großenteils dieselben. Androkles, der damals der unbeugsame Ankläger des Alkibiades gewesen war, wird jetzt eines der ersten Opfer der oligarchischen Jugend. Alkibiades selbst gerät in gefährliche Nähe des Anschlags, wenn er es auch versteht, sich abseits zu halten und, nachdem er in den Wirbel der Beteiligung am Staatsstreich geraten ist (bis zu einem solchen Grade, daß er als sein potentieller Verbündeter und Symbol der Oligarchie erschien), sattelt er – in einer seiner für ihn charakteristischen unerwarteten oder, wenn man will, erleuchteten Eingebungen –

blitzschnell auf das Pferd der Demokratie um und geriert sich nun als Fürsprecher der vor Samos liegenden athenischen Flotte – und also des Garanten der Demokratie –, die zur Zeit in Fehde mit dem von Oligarchen beherrschten Mutterland liegt.

Die Organisatoren des Putsches handelten also auf eigene Faust. Ihr Experiment sollte mit einer weiteren militärischen Katastrophe enden: dem Abfall Euboias, der wichtigen, Attika gegenüberliegenden Insel, deren Fall in spartanische Hand nach vier Monaten des oligarchischen Regimes allen als weit ernster als sogar die sizilische Katastrophe erschien. Diese Niederlage gab dem neuen Regime, das schon von wüsten persönlichen Kämpfen zwischen den Oberhäuptern zerrissen war, den Todesstreich.

Für Thukydides kommt die Reflexion über diese – an sich unbedeutenden – Ereignisse gewissermaßen der Abfassung einer Abhandlung über die Phänomenologie des Politischen gleich. Ihre Themen sind: wie das Volk die Macht verliert; wie es dem weißen Terror gelingt, den Volkswillen zu lähmen und die »Mehrheit« unschädlich zu machen, ja sie geradezu dazu zu bringen, die eigene politische Enthauptung zu beschließen; wie die Oligarchen unfähig sind, sich an der Macht zu halten, nachdem sie sie erworben haben, weil bei ihnen sogleich die Rivalität und der Kampf um die Alleinherrschaft ausbricht; wie die Außenpolitik letztlich die Innenpolitik bestimmt; wie der Verlust Euboias das baldige Ende der Oligarchie herbeiführt – ebenso wie zuvor die Niederlage in Sizilien die schon erschütterte Demokratie begraben hatte.

Aber Thukydides gibt uns nicht nur diese Art von Kurzlehrgang über die zyklische Aufeinanderfolge von Verfassungen, er schreibt für uns auch die scharfsinnigste Massenpsychologie – wie verhält sich das Volk, wenn es mit einem Staatsstreich konfrontiert wird? –, die uns die antike Geschichtsschreibung hinterlassen hat. Was ihn besonders fesselt, ist das *Schweigen* des Demos. Es ist, als hätte die redefreudigste und lärmendste aller Demokratien die Sprache verloren. Es ist das eine Stille, die eine weitere und für den Politikforscher, der sich mit dem Verfassungswandel beschäftigt, wichtige Folgerung einschließt: das Weiterbestehen der für die Demokratie charakteristischen Institutionen bei ihrer gleichzeitigen völligen Aushöhlung. »Die Volksversammlung und der Rat fuhren fort, sich regelmäßig zu versammeln, aber es wurden nur den Verschworenen genehme Entscheidungen getroffen, und die einzigen, die das Wort ergriffen, waren sie selbst oder jemand, dem von ihnen die vorgängige, gegen jedwede Einwendung gültige Zustimmung gegeben worden war. Keiner der anderen wagte, vom Schrecken gelähmt und *angesichts* der großen Zahl der Verschworenen, Einspruch zu erheben.« Wieder einmal stellt Thukydides den Gesichtssinn der Athener in den Mittelpunkt, das, was die Athener »sehen«: er beobachtet die Reaktionen und das Verhalten der Athener und findet beides bestimmt durch das, was sie »sehen«. Aber da er die Interna der Verschwörung kennt, weiß er, daß die Athener sich über die Verschwörung als Ganzes falschen Vorstellungen hingeben: »Indem sie sie sich viel ausgedehnter vorstellten als sie in Wirklichkeit war, waren sie gleichsam seelisch besiegt.« Außerdem, fügt er hinzu, war es nicht leicht, sich eine zutreffende Vorstellung vom wirklichen Umfang der Verschwörung »in einer so großen Stadt, in der sicherlich nicht jeder jeden kannte«, zu verschaffen.

Das, was die Athener »sehen«, sind offenbar die Auswirkungen der Verschwörung. Wenn zum Beispiel jemand in einer der schweigenden, von den Verschworenen beherrschten Volksversammlungen eine abweichende Meinung hören ließ, »wurde er bald darauf unter entsprechenden Umständen tot aufgefunden«. Das war bei Androkles der Fall, einem der exponiertesten demokratischen Anführer, der, wie Thukydides aufdeckt, »von einigen jungen Leuten« erschlagen wurde; ein Verfahren wurde nicht eingeleitet, »wiewohl man sehr wohl wußte, wen man verdächtigen mußte«. Das Volk »war so sehr terrorisiert, daß man es für ein Glück hielt, wenn einem keine Gewalt widerfuhr – wenn auch der Preis dafür darin bestand, daß man seine Meinung nicht sagen durfte«. Thukydides legt hier den Finger auf den springenden Punkt der Psychologie der politischen Niederlage: nämlich den Rückzug auf elementare und banale Anliegen (die bloße Tatsache, daß man keine Gewalt erdulden muß, gilt jetzt als ein »wahres Glück«, und es spielt keine Rolle mehr, daß sie mit Schweigen erkauft wird!). Ein Schweigen, das sich nicht auf die Sphäre der Politik und der öffentlichen Rede (die Volksversammlung) beschränkt, sondern sich bis in die privaten Beziehungen zwischen den Einzelnen einschleicht. »Sie konnten sich in Momenten der Erbitterung nicht einmal einem anderen anvertrauen und sich erleichtern oder im Hinblick auf einen Aufstand beraten, da sie sich ja Unbekannten oder nicht vertrauenswürdigen bekannten Personen gegenüber befanden. Die Leute mißtrauten allen und sahen überall Verschworene. Und tatsächlich – offenbart uns Thukydides – waren Personen beteiligt, von denen nie jemand angenommen hätte, daß sie sich mit den Oligarchen einließen. Und gerade die – fügt er hinzu – verbreiteten das Mißtrauen im höchsten Grade und unterstützten die Oligarchen, indem sie ihnen das Mißtrauen des Volkes zu sich selbst sicherten.«

Dieses Mißtrauen, das ich oben »Rückzug« genannt habe, ist für Thukydides der Faktor, der am meisten zum Erfolg der oligarchischen Verschwörung beigetragen hat. Deshalb kommt er beständig auf diese psychologische Wende beim Volke zurück, erforscht ihre Abschattierungen und konfrontiert das, was die Leute »sehen« (und aus dem Gesehenen erschließen), mit dem, was er selbst als Eingeweihter aus der Welt der Verschworenen weiß. Und gerade diese psychologische Analyse der Verhaltensweisen und Reaktionen der Menschen erlaubt es ihm auch, nicht allein den Verzicht des Demos auf die öffentliche Rede, sondern ganz allgemein die relative Leichtigkeit zu erklären, mit der die Verschworenen »das schwierige Unternehmen zum Erfolg führten, hundert Jahre nach der Vertreibung der Tyrannen dem Volk von Athen die Freiheit zu nehmen«.

Die Tyrannen! Wieder wird auf das Klima der Tyrannenangst verwiesen, das, wie wir oben gesehen haben, Thukydides schon einmal mit dem vielleicht närrischsten, aber deshalb nicht weniger bedrohlichen Unternehmen der *jeunesse dorée* in Verbindung gebracht hat, der Verstümmelung aller Hermen in der Stadt in einer einzigen Nacht.

VIII Das Ende der Oligarchie

Das Nachdenken über das Schwinden des Widerstandswillens bei der Mehrheit und die überzeugende Darstellung der Symptome, die dieses Schwinden bezeugen, dienen also im Aufbau des thukydideischen Berichts dazu, die unglaubliche Leichtigkeit, mit der die Verschworenen gesiegt hatten, zu erklären.

Deshalb scheint Thukydides fast wie ein Chronist den Gang der Ereignisse – Tag um Tag, Volksversammlung um Volksversammlung – zu verfolgen. Und der Chronikcharakter des Berichts verstärkt sich da noch, wo es um die Massenpsychologie im Augenblick des Erwachens geht. So erfahren wir von den Fortschritten, die die Verschwörung Tag für Tag macht, von den Zugeständnissen, die die Verschworenen Tag um Tag aus den Volksversammlungen herauspressen, die sie jetzt selbst wiederholt einberufen, da sie wissen, daß sie auf die Lähmung möglicher Gegner zählen können. Und so wird der thukydideische Bericht, wenn er von auswärtigen Schauplätzen (Samos, Jonien) zu den Geschehnissen in Athen zurückkehrt, erneut pedantisch genau, sozusagen tagebuchartig – bis hin zu hochdramatischen Chronikpassagen wie die über den Mordanschlag gegen Phrynichos, eines der Häupter der Oligarchie, der gerade von einer geheimen Mission nach Sparta zurückgekehrt ist.

Wir sehen, wie Phrynichos aus dem Haus des Rates heraustritt und ein paar Schritte auf die Agora zu macht; dort erdolcht ihn einer aus der Eskorte; Phrynichos stirbt auf der Stelle; der Attentäter verschwindet in der Menge; ein Komplize wird verhaftet, der auf

der Stelle gefoltert wird, aber keine Namen nennt, sondern nur angibt, daß im Haus des Hauptmanns der Wache und in anderen Häusern »ständig geheime Versammlungen abgehalten wurden«.
Der darauf folgende Tag ist voller Wirren und Wirbel: das geht von dem falschen Alarm wegen einer vermuteten plötzlichen spartanischen Invasion bis zum Risiko eines bewaffneten Konflikts in der Stadt zwischen den verfeindeten Fraktionen, der gerade noch abgewendet werden kann. Die im Piräus stationierten Soldaten vermuteten, daß einige von den Oligarchen eine überraschende spartanische Landung vorbereiteten, auch deshalb, weil sie sich nicht klar darüber waren, was für eine Bedeutung eine eigenartige Mauer haben sollte, die man auf dem Vorgebirge von Eetioneia, einem Landstreifen nordwestlich vom Piräus, errichten ließ. Die Gerüchte über eine bevorstehende spartanische Landung verdichteten sich immer mehr, und sogar Theramenes schenkte ihnen Glauben (oder gab das zumindest vor), dabei war er immer noch eines der Häupter der Oligarchie. Die Mannschaften kamen zum Schluß, »es sei nicht mehr möglich, tatenlos zu bleiben«, und – gleichsam als Warnung – wurde Alexikles, ein den oligarchischen Geheimbünden vielfach verbundener Stratege eingekerkert. Die Oligarchen, die sofort informiert werden, nehmen daraufhin gegenüber Theramenes eine drohende Haltung ein. Theramenes zeigt sich noch empörter als seine Gegenspieler und eilt zum Piräus, aber die Oligarchen lassen ihn nicht alleine ziehen, sondern stellen ihm Aristarchos »mit ein paar Junkern aus der Kavallerie« zur Seite. »Die Verwirrung – bemerkt Thukydides – war ungeheuer und erschreckend.« Hier ufert seine Chronik so weit aus, daß sie nicht bloß die Ereignisse, sondern sogar die irrigen Ansichten einiger und die

irrsinnigen Vorstellungen, die – wenn auch nur vorübergehend – bei den Leuten aufkamen, referiert: »Die, die in der Stadt geblieben waren, waren schon überzeugt davon, der Piräus sei besetzt und der gefangene Stratege getötet worden; (die Mannschaften) im Piräus hingegen befürchteten eine massive Strafaktion aus der Stadt Athen«.
Thukydides führt auch ganz unwichtige Einzelheiten an, er teilt uns zum Beispiel mit, daß auch ein gewisser Thukydides aus Pharsalos, ein Botschafter Athens in seiner Stadt, »zugegen war« und sich einmischte. Theramenes, der Virtuose der Zweideutigkeit, zeigt sich hier in einer seiner kongenialsten Rollen: er schilt nämlich einerseits die Soldaten deswegen, weil sie den Strategen festgenommen haben, aber schluckt gleichzeitig – nach einem dramatischen Dialog mit der Menge – deren Forderung, die geheimnisvolle Mauer einzureißen. Die Niederlegung der Mauer beginnt auf der Stelle, und alle, die dem neuen Regime ihre Ablehnung zeigen wollen, nehmen an dieser Aktion teil. Hier wird die Niederlage der Oligarchen durch das Volk öffentlich sanktioniert.

»Am Tag danach« versammelten sich die Oberhäupter der Oligarchie erneut in dem Gebäude, das Phrynichos tags zuvor nichtsahnend zusammen mit seinem Mörder verlassen hatte, »aber sie waren im Bann einer tiefen Erschütterung«. Versammlungen der Soldaten am Piräus folgten ständig aufeinander und stellten Bedingungen, denen die Oligarchen sich fügen mußten, wobei sie Versprechungen machten und sich zu bindenden Vereinbarungen herabließen. Das größte Zugeständnis war, daß sie für einen der nächsten Tage eine Volksversammlung ins Dionysostheater einberiefen (was seit dem Wechsel des Regimes nicht

vorgekommen war). Einziger Diskussionsgegenstand: »die Versöhnung«. Das war eine schwerwiegende Konzession, die das Wiedererstehen einer antioligarchischen Opposition öffentlich bestätigte.
Am vorgesehenen Tag versammelte man sich im Dionysostheater. Kaum hatte die Sitzung begonnen, da verbreitete sich die Nachricht, vor Salamis sei eine spartanische Flotte gesichtet worden: alle waren in Angst, daß das der von Theramenes gefürchtete Überraschungsangriff wäre, und die Reaktion war eine allgemeine Mobilmachung. Über das für das Erscheinen dieser Flotte entscheidende Motiv weiß Thukydides nichts genaues und beschränkt sich darauf, Vermutungen zu formulieren: er schließt nicht aus, daß der spartanische Kommandant tatsächlich im Einverständnis mit irgend jemanden in Athen handelte, aber – so bemerkt er – man könne sich auch vorstellen, daß er sich mit dem Blick auf den in Athen 423 ausgebrochenen Konflikt und mit der Hoffnung, im rechten Augenblick eingreifen zu können, in jenem Seegebiet aufhielt.
Der Tag, der mit dem Versuch einer Volksversammlung mit dem Ziel der »Aussöhnung« begonnen hatte, schloß mit einer der verheerendsten Niederlagen. Thukydides scheint die spontanen Aktionen der Athener, die ein klein wenig komisch anmuten, von Nahem zu verfolgen: Vom Theater überstürzt und in Waffen zum Piräus, vom Piräus auf den ersten verfügbaren Schiffen nach Eretria.* (Hier merken sie, daß sie von der spartanischen Flotte genasführt worden sind, die von Salamis aus auf das Kap Sunion los gesegelt ist und, nach der Umfahrung des Kaps in Oropos, an der attischen Küste gegenüber Euboia gelandet ist.) In

* Nach Chalkis der zweite Hauptort auf der längs der attischen und böotischen Küste gelegenen Insel Euboia.

Eretria tappen die Athener in eine Falle. In Abrede mit den Spartanern schließen die Eretrier den Markt, so daß sich die Athener auf der Suche nach Proviant praktisch wieder aus der Stadt heraus begeben müssen: als dann die Spartaner – auf ein von den Eretriern gegebenes Signal hin – angreifen, befinden sich zahlreiche Soldaten noch weit von den Schiffen entfernt. Die Schlacht ist eine Katastrophe, und vor allem fällt die ganze Insel, ausgenommen Oreos (im äußersten Norden von Euboia), von Athen ab. Damit schließt die Chronik dieses schrecklichen Tages.

Beim Eintreffen der Nachricht vom Verlust Euboias – schreibt Thukydides – verbreitete sich in Athen ein noch nie gekannter Schrecken. Nicht einmal zur Zeit der sizilischen Niederlage oder bei irgend einer anderen Gelegenheit waren sie in solchem Maße vom Schrecken gepackt. Die Panik war mehr als gerechtfertigt, bemerkt er, wenn man bedenkt, daß Schiffe und Männer fehlten (denn die vor Samos stationierte athenische Flotte hatte sich geweigert, die Autorität der oligarchischen Regierung anzuerkennen), daß am Piräus keine Befestigungen vorhanden waren, und daß vor allem Euboia fehlte, das für sie lebenswichtiger war als Attika selbst. Die unmittelbarste und quälendste Furcht – fügt er hinzu – war die, daß die Spartaner herausbekämen, daß sie ungestraft am Piräus anlanden konnten; ja, die Mehrzahl »war davon überzeugt, sie würden jeden Moment da sein«.
Das oligarchische Regime überlebte dieses Debakel nicht. Kaum lag die Nachricht aus Euboia vor, wurde augenblicklich eine Volksversammlung abgehalten, in der die Oberhäupter der Oligarchie, die sogenannten »Vierhundert« abgesetzt wurden und die ganze Macht auf die »Fünftausend« überging (deren Na-

mensliste übrigens nie erstellt worden war und die erst jetzt festgesetzt wurde). In den darauffolgenden Tagen wurde eine Reihe von Volksversammlungen abgehalten, die die Wahl der Gesetzesrevisoren und andere die Verfassung betreffende Entscheidungen zum Gegenstand hatten. Für diesen ganz flüchtigen Moment in der Verfassungsgeschichte von Athen – wenige Monate zwischen dem Ende der Oligarchie und der Wiederherstellung der radikalen Demokratie – zeigt Thukydides eine uneingeschränkte Anerkennung: »Es war das erste Mal in meiner Zeit«, schreibt er, »daß sich die Athener eine gute Regierung schufen«. Von allen Regierungssystemen, die er in Funktion erlebt hat, scheint ihm dieses das einzige ganz zu bejahende zu sein. Das widerspricht nicht seiner wohlbekannten Hochschätzung des Perikles*; denn ein Perikles ist für ihn das notwendige und glücklicherweise höchst wirksame Korrektiv der schlimmsten Regierungsform, der Volksherrschaft.

* »Der Grund dafür (für den Erfolg der perikleischen Politik – bzw. für das Scheitern der Demokratie ohne Perikles) war, daß jener, mächtig durch sein Ansehen und seine Einsicht, in Geldangelegenheiten unbestechlich, die Masse in Freiheit niederhalten konnte und sich nicht von ihr führen ließ, weil er nicht, um die Macht mit unlauteren Mitteln zu erlangen, ihr zu Gefallen redete, vielmehr gestützt auf sein Ansehen ihr auch im Zorn widersprach. Sooft er jedenfalls merkte, daß sie sich in frecher Überheblichkeit erkühnte, jagte er ihnen mit seinen Worten Angst und Schrecken ein, aus grundloser Furcht aber richtete er sie wieder auf und flößte ihnen dann wieder Mut ein. So war es dem Namen nach Demokratie, in Wirklichkeit aber Herrschaft des ersten Mannes.« Diese Bewertung der Rolle des Perikles trifft Thukydides in seiner berühmten Würdigung im zweiten Buch (II,65). Während also im perikleischen Athen die »ausgewogene Mischung« *(metría sýnkrasis)* zwischen der Herrschaft der Vielen und der Wenigen durch die Figur des charismatischen Staatslenkers, der die Staatsgeschäfte verantwortungsethisch handhabt (um die Terminologie *Max Webers* zu verwenden) garantiert wird, wird später im kurzlebigen »gemäßigt oligarchischen« Regime der »Fünftausend« diese *metría sýnkrasis* gewissermaßen verfassungsmäßig garantiert. Daher das positive Urteil des Thukydides. Vgl. ausführlicher dazu das Kapitel IV., »Lo stato ideale« in Canforas *Tucidide. L'oligarcha imperfetto*, a. a. O., S. 49 ff. (O. K.)

IX Antiphon

Über das Schicksal, das nach der Niederlage die Häupter der Oligarchie trifft, weiß Thukydides recht viel. Peisandros und Alexikles, der seinerzeit den wütenden Soldaten entkommen war, flüchten nach Dekeleia ins spartanische Lager. Aristarchos begeht sogar Landesverrat und übergibt die Festung Oinoe den Böotiern. Das Ende des Antiphon, *seines* Antiphon, aber hebt Thukydides heraus. Er erzählt es schon vorwegnehmend in einem ganz anderen Zusammenhang, nämlich dort, wo er die Häupter der Oligarchie im Augenblick ihres Erfolges vorstellt. Antiphon floh nicht, er wurde eingekerkert, und ihm wurde der Prozeß gemacht – unklar bleibt, ob das bereits während des Regimes der »Fünftausend« geschah (und also gegebenenfalls unter dem Vorsitz seines Ex-Freundes Theramenes, wie Kritias in seiner sehr harten Anklage Jahre später behaupten sollte) oder ein wenig später, als unter der Ägide der Flotte von Samos die radikale Demokratie wiederhergestellt war. Thukydides spielt auch auf andere Prozesse an (die sich sicherlich über eine geraume Zeit hin erstreckten, wenn man etwa bedenkt, daß Aristarchos, der Verräter von Oinoe, nach Athen zurückkehrte und um das Jahr 406 herum seinen Prozeß bekam), stellt aber einzig und allein den gegen Antiphon heraus.

Denkwürdig war dieser Prozeß nach Auskunft des Thukydides wegen der Verteidigungsrede, die Antiphon über sein Wirken vortrug: »die schönste Verteidigungsrede von allen, die bis zu meiner Zeit gehalten wurden«. Und der Einsatz im Spiel war das Leben des Angeklagten. Die engagierten und feierlichen Worte, mit denen Thukydides die Apologie des Antiphon charakterisierte, fanden ein unerwartetes Echo. Aristoteles nahm diese Worte in einem seiner Werke über die Redekunst wieder auf und fügte hinzu – ganz offenbar weil der Text das ihm nahelegte und die Tatsache auch nicht dem widersprach, was er über das Leben des Thukydides wußte –, Thukydides habe die denkwürdige Rede persönlich mitangehört.

Vielleicht war es das erste Mal, sicher aber war es das letzte Mal, daß Antiphon vor der Versammlung sprach, die sich diesmal in der ungewöhnlichen Gewandung eines Gerichtshofs zusammengefunden hatte, der über ein Verbrechen des Hochverrats abzuurteilen hatte. Solange er lebte, hatte Antiphon, ein Meister des Wortes, eine solche unstete, turbulente, stürmische und feindlich eingestellte Zuhörerschaft verachtet. Feindlich gegen seinesgleichen und ihm gegenüber besonders feindselig, »weil – bemerkt Thukydides – er ihnen zu tapfer erschien«. Natürlich war die Verurteilung des Antiphon von Anfang an eine ausgemachte Sache. Und wenn wir an den Verlauf eines anderen Prozesses denken, der gleichfalls von der Volksversammlung zelebriert wurde, den gegen die bei den Arginusen* siegreichen Strategen (der gleichfalls von Theramenes inszeniert wurde), können wir uns die schwierige, Obstruktion übende Hörerschaft vorstellen, die dem wackeren Redner gegenüberstand, dem Thukydides – gleichsam zum Ausgleich für die summarische Justiz, die ihn getroffen hatte –, eine posthume Ehrung mit der Palme für »die schönste Rede« zuteil werden läßt.

Aber wenn Antiphon auch die Volksversammlung und

* Die Seeschlacht bei den Arginusen, Inseln zwischen Lesbos und Kleinasien, war 406 der letzte bedeutende Sieg der Athener im peloponnesischen Krieg (siehe das folgende Kapitel).

das Schwurgericht des Volkes verachtete, so kargte er nicht mit eigener Hilfe für die unter seinen Freunden, die vor diese beiden Instanzen zitiert wurden. Er zog es vor, im Dunkeln zu wirken, Politik zu machen, ohne selbst auf die Bühne zu treten. Ja, Thukydides enthüllt sogar, Antiphon sei der eigentliche geistige Vater des Putsches gewesen: er und nicht Peisandros, wie man hätte glauben können, da Peisandros die Aufgabe zugefallen war, vor der Volksversammlung die Gesetzesinitiativen durchzubringen, die die Demokratie außer Kraft setzten – in der Situation, als die Volksversammlung vom weißen Terror gelähmt war. Das Vorgehen des Peisandros war sozusagen offen *»sichtbar«* gewesen – bemerkt Thukydides – »aber die eigentliche Seele des ganzen Anschlags, derjenige, der schon geraume Zeit vorher und vor allen anderen sich ihm gewidmet hatte, war Antiphon, und von ihm stammten auch die organisatorischen Gesichtspunkte«.

Thukydides enthüllt nicht nur die Geheimnisse des Putsches. Oft hat es den Anschein, als deckte er Zusammenhänge auf, die der Durchschnittsathener damals überhaupt nicht *»sehen«* konnte, die jedoch nur jemandem bekannt sein konnten, der selbst mit diesen eigenartigen aristokratischen Revolutionären auf vertrautem Fuße stand. Einige dieser Enthüllungen haben wir bereits an der jeweiligen Stelle vermerkt: daß zum Beispiel »an der Verschwörung Personen beteiligt waren, von denen niemand das je vermutet hätte«; daß die Liste der fünftausend Bürger, denen die vollen politischen Rechte zukommen sollten, in Wirklichkeit nie aufgestellt wurde; daß die Mörder des Androkles »einige Junker« waren; daß »die Athener die Verschwörer für weit zahlreicher hielten, als sie es in Wirklichkeit waren«.

Bei anderen Gelegenheiten lassen seine zurückhaltenden Anspielungen Umstände im Dunkeln, die dem Autor selbst jedoch klar vor Augen stehen: so zum Beispiel, wenn er berichtet, daß man am Vorabend des Staatsstreichs die Oppositionellen »in einer den Umständen angemessenen Weise verschwinden ließ«. An seiner Chronik der Tage der Oligarchie spielt die unmittelbare Erfahrung eine Rolle, die wir nur erahnen können.

X Die Rückkehr des Alkibiades

Die Wiederherstellung der Demokratie gab der Stadt neuen Aufschwung und besiegelte vor allem die Wiedervereinigung der Flotte, die jetzt unter dem Kommando des Alkibiades stand, mit der Stadt. Alkibiades, dessen Exil auf die Initiative des Theramenes hin widerrufen worden war, wartete auf den richtigen Augenblick für eine spektakuläre Heimkehr: er kam 408 zurück, nachdem er die athenische Flotte mehrere Male zum Siege geführt hatte, und er kehrte heim in eine Atmosphäre von erneuertem Enthusiasmus und des Glaubens an ihn als den einzigen möglichen Wiederhersteller der Macht Athens. Auf dem ungewöhnlichen Ehrenportal dieser Heimkehr fehlt es nicht an herkömmlichen Übersteigerungen, die aus ihm eine Art Gott machen.

Aber die Übereinstimmung zwischen Alkibiades und seinen Mitbürgern dauerte nur kurz: bei der ersten Unvorsichtigkeit entfernten sie ihn aus dem Kommando, und er zog es vor, anderen unwiderruflichen Entscheidungen zuvorzukommen, indem er sich auf seine Burgen in Thrakien zurückzog und von dort aus eine Art von persönlicher pro-atheniensischer Politik betrieb.
Athen jedoch erfocht – ganz ohne Alkibiades – bei den Arginusischen Inseln zwischen Lesbos und der asiatischen Küste einen der glänzendsten und schwierigsten Seesiege in seiner Geschichte. Aber ein Sturm nach der Schlacht machte es den Kommandanten der athenischen Flotte unmöglich, etwaige Überlebende und die Leichen der gefallenen Seeleute zu bergen. Der unvermeidliche Prozeß gegen die siegreichen

Strategen entsprang offensichtlich der Feindseligkeit der Verwandten der Verschwundenen; aber Theramenes als geschickter Regisseur des Volkszorns zielte darauf ab, unter religiösem Deckmäntelchen und unter geschickter Benutzung der Gemütsbewegung des Volkes die Freunde des Alkibiades, die reichlich im Kollegium der Strategen jenes Jahres vertreten waren, zu liquidieren. Unter den zum Tode Verurteilten waren etwa Thrasillos, der Wiedererwecker der Demokratie gegenüber dem kurzlebigen Experiment des Theramenes mit der Regierung der »Fünftausend« und sogar der Sohn des Perikles und der Aspasia. Die Hauptstütze des Alkibiades, Euryptolemos, hatte vergeblich versucht, dem Plan des Theramenes und seiner Inszenierung eine geschickte Verteidigung entgegenzustellen. Der Triumph des unüberwindlichen »Kothurns«* Theramenes, der seinen Spitznamen seiner erstaunlichen Fähigkeit verdankte, sich den verschiedensten Regimen anzupassen, war vollständig.

Die letzte Flotte, die Athen gegen einen tüchtigen und mit reichlichen Mitteln versehenen spartanischen Admiral, wie Lysandros einer war, zu Wasser lassen konnte, wurde bei Aigos-Potamoi in den Dardanellen durch die strategische Blindheit ihrer Kommandanten und durch Verräterei einiger unter ihnen, die vielleicht Männer des Theramenes waren, zerstört. Alkibiades, auf den eine offensichtlich unglaubwürdige Quelle die Anklage des Verrats bei Aigos-Potamoi schieben will, hatte gerade im Gegenteil versucht, die Strategen zu beschwören, in einer so ungünstigen Po-

* »Denn der *Kothurn* (d.h.: der schmiegsame griechische Theaterstiefel, O.K.) scheint auf beide Füße gleich gut zu passen ... blickt von beiden Seiten« heißt es in einer (vermutlich redaktionellen) Anmerkung zur Kritias-Rede in Xenophons *Hellenika* (II,3.31). Ein aktueller Übersetzungsvorschlag wäre ›Wendehals‹. (O.K.)

sition nicht zu kämpfen; war jedoch unter Rufen wie »Jetzt kommandieren wir!« in übler Weise weggerempelt worden. Wenn Theramenes tatsächlich bestrebt gewesen sein sollte, den Krieg zu verlieren, um seinen politischen Kampf in Athen gegen das Wiederaufleben der Demokratie zu gewinnen, dann blieb ihm jetzt nur noch die Aufgabe übrig, die Athener dazu zu bringen, einen wie immer gestalteten Frieden anzunehmen. Er benutzte dazu den Hunger.

XI Der Zusammenbruch

In der letzten Phase des Krieges mit Sparta nimmt die Brutalität der Kämpfenden zugleich mit einer verzweifelten Halsstarrigkeit zu. Die Athener hatten, nachdem sie zwei gegnerische Trieren, die eine aus Korinth, die andere aus Andros aufgebracht hatten, allen Seeleuten die rechte Hand abhauen lassen. Nach dem spartanischen Sieg in der Schlacht von Aigos-Potamoi ließ Lysandros alle gefangenen athenischen Seeleute in einen Abgrund stoßen. In Samos hatte die athenische Flotte kaum von der jetzt offensichtlich ausweglosen Niederlage erfahren, da begehen die Demokraten ein maßloses, unsinniges Gemetzel an den »Herren« – und leisten etwa sechs Monate nach der Übergabe von Athen noch starrsinnig Widerstand.
Wenn man überlegt, daß die berühmten vierhundert Spartiaten, die Kleon auf der Insel Sphakteria gefangennahm, sorgsam am Leben erhalten wurden und 421 für Athen zum Austausch für einen vorteilhaften Frieden, den sogenannten »Nikias-Frieden«, zur Verfügung standen, dann kann man den ganzen Abstand ermessen, der die noch »traditionelle« erste Phase des Krieges von dem vernichtenden Massaker, bei dem alles erlaubt war, was den Gegner schädigte, trennt, in das der peloponnesische Krieg auslief. Jetzt bedeutete »siegen« den Gegner auszutilgen, ihn zunichte zu machen, ihm nicht bloß eine militärische Niederlage zuzufügen, die dann bei einem Friedensvertrag ins Gewicht fiele. In diesem Klima, das die Spartaner und Syrakusaner geschaffen hatten, als sie die Scharen der Athener in den Latomien (den Steinbrüchen von Syrakus) hilflos dem Tod anheimgaben, muß bei Thukydides das Verständnis für die »wahrhaftigste« (wie er

sagt) Natur des Krieges gereift sein. Eines Krieges, der sich von allen vorhergehenden dadurch unterschied, daß er die Auslöschung eines der historischen Rivalen bezweckte; in gleicher Weise muß er bei Theramenes die Überzeugung haben reifen lassen, daß, wenn man nicht siegen könne, es notwendig wäre, den Krieg so schnell als möglich zu verlieren. Theramenes setzte auf die »Mäßigung« seiner spartanischen Freunde, die immerhin dem blinden Rachedurst der Korinther und Thebaner vorzuziehen sei, die tatsächlich nach der Übergabe von Athen vorschlugen, nicht nur die langen Mauern zu zerstören, sondern gleich die ganze Stadt – womit sie allerdings auf die Opposition der Spartaner stießen. Aber Athen zu beugen fiel ihm nicht leicht. Theramenes kannte die Mechanismen der plebiszitären Demokratie allzu gut – und hatte sie übrigens selbst gelegentlich ausgenutzt –, als daß er sich hätte vorspiegeln können, das »Volk von Athen« sei in geordneten Bahnen zu einem Übergabevertrag zu führen. Er sah stattdessen, daß die Verzweiflung über die Niederlage von Aigos-Potamoi sich in einen starren Widerstandswillen verwandelt hatte.

Als das Schiff Paralos mitten in der Nacht im Piräus festgemacht hatte und die Kunde von dem Unglück verbreitete, hatte sich ein langes Klagen und Jammern erhoben und vom Hafen in die Stadt hinein fortgepflanzt; wie in einer Welle von Schmerz »gab entlang den Großen Mauern einer dem anderen das Vorgefallene weiter. Niemand schlief in dieser Nacht. Sie beklagten nicht nur die Gefallenen, sondern noch viel mehr sich selbst – in der Erwartung, daß sie nunmehr das gleiche Schicksal treffen würde, wie sie es zu ihrer Zeit den Einwohnern von Melos, spartanischen Kolonen, zugefügt hatten«. Die Einnahme von Melos war ein höchst bedeutsamer Moment im thukydideischen Bericht. Thukydides hatte dieser Episode eine herausragende Bedeutung vorbehalten und hatte sogar einen Dialog hinter geschlossenen Türen zwischen Meliern und Athenern erfunden, in dem eben den Meliern, die im Begriff waren, von den Invasoren ausgerottet zu werden, die Rolle zufiel, das zukünftige Ende der Stadt Athen zu »sehen«.*

Aber gerade der Schrecken vor der herannahenden Abrechnung, die die allgemeine Barbarisierung des Krieges noch viel furchtbarer erscheinen ließ, hatte das Syndrom des »verzweifelten Widerstands« zusammen mit der Illusion geweckt, man könnte in letzter Minute die Niederlage noch abwenden. »Am Tag danach trat die Volksversammlung zusammen. Sie beschlossen, alle Zugänge zum Hafen bis auf einen zu sperren, die Mauern instand zu setzen und Wachen aufzustellen sowie alle nötigen Vorbereitungen in Erwartung einer Belagerung zu treffen.« Während Lysandros in Aigina vor Anker ging, der dem Piräus vorgelagerten Insel, von der Perikles als von einem »Dorn im Auge des Piräus« gesprochen hatte, überfielen die Spartaner und die Verbündeten mit ihren Truppen ganz Attika und schlugen sogar ihr Lager in unmittelbarer Nähe der Akademie auf.

Der Alptraum, »das Schicksal erleiden zu müssen, das sie anderen ohne den geringsten Grund dafür zu ha-

* Die melischen Ratsherrn versuchen 416 im berühmten (wahrscheinlich fiktiven) »Melierdialog« mit den athenischen Gesandten, vergeblich, die Athener von der »Nützlichkeit« einer Politik zu überzeugen, die von der totalen Unterwerfung der Stadt Abstand nimmt – »da ihr statt des Rechtes den Vorteil unserem Gespräche zugrunde gelegt habt«. Die »seherische« Passage, auf die die zitierte Stelle in Xenophons *Hellenika* (II,2.3) direkt Bezug nimmt, lautet: »wenn ihr (Athener) einmal gestürzt werdet, dann werdet ihr durch die Härte der dann an euch vollzogenen Strafe zu einem warnenden Beispiel für andere« (Thukydides, V,90). Vgl. dazu das Kapitel über den Melierdialog in L. Canfora, *Tucidide. L'oligarcha imperfetto*, a. a. O., Kap.V., S. 52 ff. (O. K.)

ben, zugefügt hatten«, der Mangel an Korn und die immer zahlreicheren Hungertode trieben die Athener zu einem Schritt, den sie sonst nie, auch in den schlimmsten Zeiten des Krieges nicht, getan hätten: Sie boten einen Übergabevertrag mit der Klausel an, daß sie den Piräus und die Mauern behalten dürften, aber ihre Gesandten gelangten nicht einmal nach Lakonien hinein. In Sellasia wurden sie angehalten und mit der Anweisung zurückgeschickt, sie sollten vernünftigere Bedingungen anbieten. (Diese Szene erinnert an die berühmte vom Anfang des Krieges, als Melesippos, von Sparta entsandt, um in letzter Minute den herannahenden Krieg noch abzuwenden, in Athen nicht einmal empfangen worden war und prophezeit hatte: »Von diesem Tage an beginnen große Übel für die Griechen«.) Auch nur vorzuschlagen, der spartanischen Forderung, die Mauern zu schleifen, nachzukommen, war unmöglich: Archestratos, der wagte, es zu tun, wurde auf der Stelle verhaftet. Die Volksversammlung verabschiedete auch sogleich ein Gesetz, das es verbot, das Problem zur Diskussion zu stellen.

An dieser Stelle forderte Theramenes eine Generalvollmacht für persönliche Verhandlungen mit Lysandros. Nachdem er sie erlangt hatte, »blieb er über drei Monate lang bei Lysandros zu Gast und wartete dort ab, daß die Athener, wenn die Kornvorräte erschöpft wären, bereit sein würden, jede beliebige Bedingung anzunehmen«. Im vierten Monat erst kehrte er zurück und berichtete der Volksversammlung, Lysandros habe ihn so lange aufgehalten und endlich nach Sparta an die Ephoren verwiesen. Er wurde dann – zusammen mit neun anderen – zum Generalbevollmächtigten ernannt. Als er mit dem Befehl aus Sparta zurückkehrte, die langen Mauern zu zerstören, die gesamte Flotte bis auf zwölf Schiffe zu übergeben und die Verbannten zurückkehren zu lassen, kam ihm die Menge entgegen und umringte ihn und folgte ihm auf dem ganzen Weg nach Athen: Sie wollten alles wissen und fürchteten, daß er mit leeren Händen zurückgekehrt wäre; denn es war jetzt nicht mehr möglich, noch länger zu widerstehen, da die Menge des Hungers starb. Und sogar jetzt noch fehlte es nicht an Stimmen des Widerspruchs, was die Zerstörung der Mauern anging, aber sie wurden zum Schweigen gebracht. Der Würge-Frieden Spartas wurde angenommen, Lysandros fuhr in den Piräus ein, und die Verbannten kehrten heim, während die Sieger »unter der Begleitmusik von Flötenspielerinnen« an die Mauern Hand anlegten. Es war dies Ende April 404.

»Die allgemeine Überzeugung war – so schließt der Bericht über den Krieg –, daß von jenem Tage an für Griechenland die Freiheit begann«: eine deutliche Erinnerung an die spartanische Forderung von 431, die damals in Athen als reine Provokation empfunden worden war, »die Griechen in Freiheit zu lassen«.

XENOPHON

XII Die Dreißig

Wieder einmal war es in Athen eine Volksversammlung, die die Demokratie zerschlagen sollte. Unter den Augen des Lysandros und in Anwesenheit der spartanischen Besatzungstruppen setzte die Versammlung einen außerordentlichen Magistrat von dreißig Personen ein, die die Aufgabe erhielten, eine neue Verfassung zu formulieren: es wurden dreißig aus dem Kreis der prominentesten Oligarchen gewählt. Unter anderen auch Theramenes, der – nach Lysias – der eigentliche Anstifter dieses Vorschlags gewesen war. Aber diesmal sollte der »Kothurn«* selbst schnell durch Männer wie Kritias liquidiert werden, die noch weniger Skrupel hatten und vielleicht auch – anders als Theramenes – einen unmöglichen Bruch mit der Geschichte Athens anstrebten. So begann das grausige Regiment der Dreißig.

Was wir überhaupt über die sich überstürzenden traumatischen Erfahrungen, die Athen unter den Dreißig erlebte, wissen, verdanken wir einem Zeugen, der selbst auch im Rampenlicht stand, sich aber größte Mühe gibt, die eigene Person aus der Chronik jenes verworfenen Regimes herauszuhalten: es ist der Athener Xenophon, Ritter unter den Dreißig und – wie auch Kritias – zum sokratischen Kreis gehörig. Vielleicht hatte Xenophon auch – zusammen mit einem gewissen Lysimachos – das Kommando über die Kavallerie, zuerst unter den Dreißig, dann unter den sogenannten »Zehn«: der außerordentlichen Regierung, die nach dem Rückzug der Dreißig nach Eleusis an ihre Stelle getreten waren.

* Siehe oben die Fußnote in Kapitel X.

In dieser Chronik erwähnt Xenophon niemals seinen eigenen Namen; und das kann man verstehen, denn es war sicherlich nicht angenehm, zu berichten, man hätte zusammen mit den Dreißig gekämpft und dazu noch in herausragender Position, wie das Oberkommando der Kavallerie eine war, selbst wenn sie mit dem anderen Hipparchen geteilt wurde, dem einzigen, den Xenophon benennt, um ihn gründlich schlechtzumachen. Andererseits hat Xenophon etliche Jahre später den *Hipparchikós,* ein Traktätchen über den perfekten Kavallerieoffizier geschrieben, in dem er sich ausdrückt wie jemand, der eine solche Stellung selbst ausgefüllt hat. Und es ist kurios, daß er in den *Memorabilien* Sokrates sich mit einem Reiteroffizier unterhalten läßt, dessen Namen er seltsamerweise nicht nennt. Wie dem auch sei – seine Erzählung ist offenbar vom Gesichtspunkt der Kavallerie der Dreißig her konzipiert: Wer sogar zu berichten weiß, daß ein Überraschungsangriff die Kavallerie der Dreißig beim Morgengrauen überraschte, während die Ritter gerade beim Aufstehen waren und die Troßknechte »beim Striegeln der Pferde einen gewaltigen Lärm machten«, kann nur Augenzeuge und Teilnehmer des Vorgangs gewesen sein. Hinzu kommt noch, daß die einzigen Kämpfe, von denen Xenophon berichtet, gerade die sind, in die die Kavallerie verwikkelt war.

Die Kavallerie war die Waffengattung, die die Dreißig – vielleicht auch wegen der gesellschaftlichen Herkunft der Krieger dieser Truppe – vor allen anderen kompromittieren wollten. Als Kritias sich mit seiner bewährten Grausamkeit das Massaker an den Bewohnern von Eleusis einfallen ließ, da kam der Reiterei – und besonders, schreibt Xenophon, dem Reiterführer Lysimachos – die praktische Durchführung dieses schmutzigen Geschäfts zu. Die Bewohner von Eleusis wurden gezwungen, im Gänsemarsch durch eine kleine Pforte in der Stadtmauer, die auf den Strand ging, aus der Stadt herauszukommen, und da, vor der Mauer, drängten sich die Ritter in zwei Reihen, einen tödlichen Menschenkorridor bildend, aus dem niemand entkam. Als die Eleusier alle aneinandergekettet waren, redete Kritias Klartext und sagte den Rittern: »Wenn dieses Regime euch gefällt, müßt ihr auch die Risiken mit ihnen teilen«, worauf er sie – in Anwesenheit der spartanischen Garnison – zwang, für oder gegen das Todesurteil gegen die Gefangenen zu stimmen.

Kritias starb in einem Gefecht mit den Leuten des Thrasybulos, des alten Gegners von 411, der mit einem Heer von Verbannten noch einmal in den Kampf gegen die Oligarchie eingetreten war. Die unerwartete Niederlage und der Ausfall des wahren Anführers des Regimes trieben die restlichen von den Dreißig auseinander. Bei der Beschreibung des Schauplatzes am »Tag danach«, den er sicherlich miterlebt hat, scheint Xenophon eine analoge Szene aus dem Bericht des Thukydides, die der »Vierhundert« am »Tag nach« der Zerstörung der Stadtmauer von Eetioneia vorzuschweben. Die Überlebenden der Dreißig, die von ihren Anhängern verlassen und abgesetzt waren, flohen nach Eleusis. In Athen wurden »die Zehn« gewählt, denen sich im Kommando die beiden Hipparchen beigesellten. Die Kavallerie, auf die die Dreißig geglaubt hatten, sich verlassen zu können, war den Dreißig also nicht gefolgt: auch der grausame Lysimachos blieb bei den »Zehn«.
Und so überläßt an diesem Punkt auch die Erzählung des Xenophon die Dreißig ihrem Schicksal und fährt

fort, indem sie berichtet, wie sich die »Zehn« aufführten, wie die Spartaner selbst, vor allem der König Pausanias in seiner Rivalität gegenüber Lysandros, sie dazu brachten, mit Thrasybulos und den Seinen Frieden zu schließen; aber vor allem – und hier zeigt sich wieder Xenophons roter Faden – von dem, was die Ritter in dieser letzten schwierigen Phase des Bürgerkrieges unternahmen. Xenophon erzählt uns von ihnen die belanglosesten Einzelheiten. Sie schliefen eng gedrängt im Odeon, neben sich Pferd und Schild. Da sie niemandem vertrauten, standen sie ständig abwechselnd Wache. Offenbar war der Grund ihrer Angst ein Überraschungsangriff der Leute des Thrasybulos, die sich jetzt im Piräus festgesetzt hatten. Die Ritter – so fährt er fort – waren die einzigen, die es wagten, aus der Stadt bewaffnete Ausfälle zu unternehmen, und dann und wann gelang es ihnen, irgendeinen Gegner, der im Umland auf Streifzug war, zu überraschen. Einmal trafen sie auf eine Gruppe von Bauern aus den Demos Aixone: der Reiteroffizier Lysimachos ließ auch diese niedermetzeln, obwohl sie inständig um ihr Leben bettelten. Es war ein peinliches Schauspiel, »und zahlreiche Ritter – kommentiert er – protestierten wegen des Vorfalls«. Ein anderes Mal fiel ein Ritter in einen Hinterhalt der Leute des Thrasybulos und wurde erschlagen; er hieß Kallistratos und gehörte zur Phyle Leontis. Dieser Kriegsbericht ist vielleicht der einzige, in dem von einem Hinterhalt gesprochen wird, dem ein einziger Ritter – dessen Namen und Sippe angegeben werden (!) – zum Opfer fällt. Er ist schlimmer als jene Monographien, von denen Polybios spricht, die aus Mangel an Stoff aufbauschten und von unwesentlichen und Nebenhandlungen erzählten, »wie zum Beispiel von Scharmützeln und Gefechten, in denen vielleicht zehn Krieger oder weniger und noch weniger Kavalleristen gefallen sind«.

Das Ende der »Zehn« wurde von dem spartanischen König Pausanias gewollt; wenn er auch von ihnen zu Hilfe gerufen worden war, begünstigte er doch deutlich Thrasybulos und die Wiederaufrichtung der Demokratie in Athen. Xenophon, der vielleicht zu jenen athenischen Rittern gehörte, die Pausanias in die eigenen Truppen einreihte, sagt es ausdrücklich. »Er versuchte es, nicht merken zu lassen, daß er der Piräus-Partei gewogen war«, aber »er ließ sie sogar durch eine geheime Botschaft wissen, welche Vorschläge sie ihm machen sollten«.

Die von Pausanias auferlegte Friedensregelung begünstigte deutlich die Demokraten, die tatsächlich die Kontrolle über die Stadt erhielten, während sie den unbelehrbaren Anhängern der »Dreißig« und der »Zehn« die Möglichkeit gab, sich ungehindert nach Eleusis zurückzuziehen. Ungefähr drei Jahre lang war Eleusis so etwas wie eine kleine unabhängige oligarchische Republik, bis die Demokraten sie durch Verrat – wie Xenophon, ohne viele Einzelheiten anzugeben, in den letzten Zeilen seiner Chronik referiert – liquidierten.

Mit der Rückkehr des Thrasybulos und seiner berühmten Friedensrede bricht der Bericht des Xenophon ab.

(An dieser Stelle, also beim Übergang vom zweiten zum dritten Buch der *Hellenika,* klafft vielmehr eine gewaltige Lücke. Xenophon füllt sie mit einem kurzen Überblick über ein anderes seiner Bücher, die *Anabasis,* die er in einer Fiktion einem erfundenen »Themistogonos aus Syrakus« zuschreibt, wonach er dann zu den Feldzügen der Spartaner in Asien übergeht, deren direkter Augenzeuge er – wieder einmal – selbst war, wie wir noch sehen werden.)

XIII Die Amnestie

Aber die »Aussöhnung« oder, wie es auch hieß, die »Amnestie«, war in der Wirklichkeit ein eher stürmischer Vorgang. Soviel erfahren wir von Aristoteles. Dieser teilt uns vor allem mit – was Xenophon zu sagen unterläßt –, daß nicht allein die Überlebenden der »Dreißig«, sondern auch die »Zehn« (und damit offenbar auch die Reiterkommandanten, die mit den »Zehn« die Macht geteilt hatten) aus der Amnestie ausgeschlossen waren und sich Gerichtsverfahren stellen mußten: So zum Beispiel ein gewisser Rhinon, der sich übrigens – so versichert Aristoteles – glänzend aus der Affäre zog.

Weiter teilt uns Aristoteles mit, daß auf der Gegenseite die Demokraten ebenfalls nicht ganz homogen und einig waren: daß Thrasybulos – der, wie man wohl sagen kann, als der Mann der »Amnestie« in die Geschichte einging –, daß ebendieser Thrasybulos zu den Rachetaten angestachelt hatte, die in der Tat nicht auf sich warten ließen; weiter: daß Thrasybulos ohne weiteres all denen, die mit ihm gekämpft hatten, das Bürgerrecht verleihen wollte, »sogar gewissen Leuten, die offensichtlich Sklaven waren«, und daß schließlich, wäre da nicht der gemäßigte Archinos mit seiner Weisheit dazwischengetreten – er war nämlich auch mit den Demokraten zurückgekehrt – alle mit der Wiederherstellung der Demokratie verknüpften guten Vorsätze zugrunde gegangen wären. Aber gerade derselbe Archinos hatte nicht gezögert, einen der ehemaligen Freiheitskämpfer der Piräus-Partei, der gedroht hatte, mit irgendeinem Haudegen des Alten Regimes abzurechnen, standrechtlich – und ohne Prozeß! – hinrichten zu lassen.

Außerdem ist der Prozeß, den Lysias gegen Eratosthenes (einen der Dreißig, der jedoch nach dem Tode des Kritias nicht mit ihnen nach Eleusis gegangen war) anstrengte, ein Anzeichen für das vorherrschende Klima, das alles andere als »befriedet« war. In jener erregten Rede fordert Lysias dringend, Eleusis anzugreifen, was dann ja auch – wie berichtet – in Kürze mit Hilfe von Verrat geschehen sollte. Insbesondere wurden dann die Ritter, »die unter den Dreißig gedient hatten«, auch später noch als eine Gruppe für sich schief angesehen: Als nämlich 399 die Spartaner, die – als Folge ihrer Unterstützung der unglücklich verlaufenden Rebellion des Kyros gegen Artaxerxes – in einen Abnützungskrieg in Asien verwickelt waren, von Athen Truppen anforderten (gemäß dem Vertrag von 404, der Athen auferlegte, »dieselben Freunde und dieselben Feinde« wie Sparta zu haben), wußten die Athener – bemerkt Xenophon – nichts Besseres zu tun, als »ihnen einige von denen zu schicken, die unter den Dreißig Ritter gewesen waren. Sie waren nämlich der Auffassung, es könne nur ein Vorteil für die Demokratie sein, wenn jene die Stadt verließen und vielleicht in der Fremde aufgerieben würden«.

XIV Xenophon entschwindet

Kurz gesagt – für den Ritter Xenophon stand es in Athen nicht zum Besten. Es kam noch hinzu, daß er ein Freund des Sokrates war, dem vorgeworfen wurde, daß er Kritias und auch Alkibiades aufgezogen hätte (eine »Schuld«, von der gerade Xenophon in den *Memorabilien* ihn zu entlasten bestrebt ist). Und bei Sokrates sucht er Rat. Ein alter thebanischer Freund, Proxenos, lud ihn ein, an einer geheimnisumwobenen Expedition teilzunehmen und versicherte, daß kein geringerer als Kyros, der Sohn des verstorbenen Perserkönigs und Bruder des gegenwärtigen Herrschers ihm die Sache ans Herz gelegt hätte. Es war jener Kyros, der während der letzten Kriegsjahre die Spartaner unterstützt hatte, indem er ihren Matrosen einen reichlichen Sold gezahlt hatte: ein tödlicher Stoß, der Athen die einzige wirkliche Waffe, die es besaß, die Überlegenheit zur See, aus der Hand geschlagen hatte. Proxenos, ein Freund des Kyros, sammelte in Wirklichkeit Anhänger für den Feldzug, den der Fürst sich anschickte gegen seinen Bruder zu führen, aber er konnte das eigentliche Ziel nicht enthüllen und schützte einen Feldzug gegen Pisidien vor.

Jedermann weiß von dem »Ungehorsam« Xenophons gegenüber Sokrates in dieser Sache. Sokrates hatte ihm – wirklich etwas hausbacken – geraten, das delphische Orakel im Hinblick auf die Ratsamkeit einer solchen Reise anzurufen und hatte auch nicht versäumt, ihm das Risiko aufzuzeigen, das er eingehen würde, wenn er sich dem Kyros anschlösse, dessen Andenken bei den Athenern in einem so schlechten Ansehen stand. Aber Xenophon hatte sich schon entschlossen, Athen in jedem Fall zu verlassen und beschränkte sich darauf, das Orakel in einer Detailfrage zu konsultieren: welchen Göttern er opfern müsse, um eine gute Reise zu haben. So verschwindet im Jahre 401, vielleicht kurz nach der Auflösung des Oligarchenregiments in Eleusis, Xenophon aus Athen – und zwar für eine erheblich längere Zeit, als man aus seinem kurzen Zwiegespräch mit Sokrates hätte erschließen können.

Auch in der *Anabasis* – in der diese Episode mit einem gewissen Nachdruck erzählt wird und wo im übrigen Xenophon ständig von sich selbst erzählt – bemerkt man eine große Zurückhaltung, vor allem in Bezug auf den Hauptpunkt: *warum* hatte Xenophon sich entschlossen, aus Athen zu verschwinden? Erst gegen Ende der sehr langen Erzählung erfahren wir, daß über seinem Haupte eine Anklage schwebte (was wiederum besagt, daß Xenophon sich im Geheimen in Athen eingeschifft hatte, um Proxenos und Kyros in Sardes zu treffen); und wir erfahren weiterhin, daß im Jahre 399, als sich dann Xenophon – nach dem Ende des aufreibenden Rückzuges, der der Niederlage von Kunaxa folgte und unmittelbar nach dem von ihm befehligten Feldzug in Thrakien – anschickte, nach Athen zurückzukehren, die Nachricht von einer in seiner Abwesenheit erfolgten Verurteilung zum Exil ihn veranlaßt hatte, im Dienst des neuen spartanischen Kommandanten Thibron in Kleinasien zu bleiben: jenes Thibron, dem – ungefähr zur gleichen Zeit, in der sie Xenophon zum Exil verurteilten – die Athener mit dem größten Vergnügen eine Anzahl von Kavalleristen aus der Zeit der Dreißig überlassen hatten, in der Hoffnung, sie für immer loszuwerden. Daß das »Urteil in Abwesenheit« ihn gerade in diesem Augenblick überrumpelte, erklärt, warum Xenophon nicht nur im Dienste des Thibron blieb, sondern auch in dem seiner Nachfolger, des Derkylidas und vor allem des geliebten Agesilaos. Gerade in den *Hellenika* führt Xenophon – in gewohnter sibyllinischer Weise auf die eigene Anwesenheit hinweisend – einen nicht näher identifizierten »Kriegshauptmann der Leute, die zusammen mit Kyros gekämpft hatten« ein – der natürlich niemand anders ist als Xenophon selbst, der sich stolz und würdig mit Derkylidas, dem spartanischen Kommandanten, unterhält.

Tatsächlich wußte Xenophon, daß für ihn eine Rückkehr nach Athen unmöglich gewesen wäre. Deshalb hat er während des Rückzugs der »Zehntausend« ständig Seitenwege gesucht und Experimente unternommen, um sein Leben neu zu gestalten: Daher rührte sein Plan – der seinen Leuten überhaupt nicht gefiel –, am Schwarzen Meer eine Kolonie zu gründen und sich dort festzusetzen; daher gleichfalls das Abenteuer in Thrakien. Als er nämlich nach dem Übergang über die Dardanellen nach Europa zurückgekehrt war, hütete er sich wohlweislich, seine Rückkehr nach Athen ins Auge zu fassen, sondern führte stattdessen an der Spitze der »Zehntausend« (die sich damals fast auf die Hälfte verringert hatten) einen Feldzug in Thrakien, der ihm Möglichkeiten eröffnete, dort zu bleiben, indem er vielleicht sogar Familienbande mit dem Fürsten Seuthes geknüpft hätte. Lediglich die Zerwürfnisse mit Seuthes und vor allem die wachsende Unlust seiner Männer brachten ihn dazu, das Projekt aufzugeben. Aber an diesem Punkt angelangt, hat Xenophon – auf eine Weise, die unerklärlich wäre, wüßten wir nicht, was ihn daheim in Athen erwartete – die Meerenge erneut überschritten und ist auf dem Landwege quer durch die Troas von Lampsakos bis nach Pergamon marschiert, um dem neuen spartanischen Kommandanten die Reste des Heeres zu unterstellen und selbst in dessen Dienst zu bleiben. Wohlweislich teilt er uns die Nachricht von seiner drohenden Verurteilung zum Exil just in dem Augenblick mit, in dem er sich, »dem dringenden Wunsch der Truppe folgend«, rüstet, aus Europa wieder nach Asien überzusetzen.

Wir fassen zusammen: Xenophon hatte Athen 401 verlassen, weil er in einen Prozeß verwickelt war. Und weil das Exil die charakteristische Strafe für Kapitalverbrechen war, kann man sich unschwer vorstellen, daß es sich dabei um einen Vorfall handelte, der sich ereignet hatte, als Xenophon im Bürgerkrieg auf der Seite der Dreißig kämpfte.

XV Die Heimkehr des Exilanten

Wir haben begonnen, Xenophon zu durchschauen, seine Spur dort aufzunehmen, wo er sich in seinem Werk verbirgt und wo er – von seinem Standpunkt aus unvorsichtigerweise – gleichwohl Spuren hinterläßt. Diesen Abschnitt seines Lebens mag er nämlich ganz und gar nicht. Er würde, weiß Gott, am liebsten auch noch die Erinnerung daran tilgen: doch die darauf folgenden Ereignisse – also die, von denen er sprechen will und von denen er seine Wahrheit verkünden will – zwingen ihn, diese Bürgerkriegsperiode wenigstens zu streifen. Wie viele moderne Zeitgenossen, die die eigene Verstrickung in »verruchten« Regimes überlebt haben, haben nicht die gleiche Erfahrung durchlebt!

Von dem großen »asiatischen Abenteuer«, der unerwarteten Glücksfügung seines Lebens, seiner *Akmé*, davon möchte er unbedingt berichten, und um von ihr zu erzählen, erfindet er eine neue literarische Gattung: das Kriegstagebuch.
Da ist zunächst der Marsch in das Herz Asiens bis vor die Tore Babylons, die Schlacht von Kunaxa – eine Schlacht von kyklopischen Ausmaßen, was die Zahl der beteiligten Truppen und die Länge der Frontlinie betrifft; dann der Rückzug und Xenophons Beförderung in das Feldherrenkollegium, für jemanden, der sich als Privatmann in der Rolle eines Schlachtenbummlers angeschlossen hatte und sich ganz wie ein wissensdurstiger griechischer »Journalist« verhielt!; sowie schließlich – und nun war er der alleinige Chef! – sein Aufstieg zum Oberkommandierenden der aus Asien nach Thrakien übergesetzten Söldner in einem

Kriegszug, den Xenophon mit den Kunstmitteln des Epos wiederzugeben sich bemüht. Vor allem aber ist da die große Begegnung seines Lebens: die Freundschaft mit dem spartanischen König Agesilaos. Im Kielwasser des Agesilaos verbleibt Xenophon auf Dauer und widmet ihm schließlich eine ihn verklärende Biographie, für die er seine *Hellenika* partienweise ausschlachtet. Zusammen mit Agesilaos kehrt er 394 nach Griechenland zurück, in ein Griechenland, das von dem Griechenland, das er sieben Jahre vorher verlassen hatte, grundverschieden war: erneut bekämpften sich Athen und Sparta in feindlichen Lagern, und bei Koroneia findet sich Xenophon (der übrigens wegen des Exils nicht mehr athenischer Bürger ist) zusammen mit Agesilaos im spartanischen Lager.

Von den Spartanern erhält Xenophon nach der Rückkehr auf die Peloponnes schließlich ein besonders willkommenes Geschenk: eine Art zweites Vaterland, ein Landgut in Skillus bei Olympia in der Landschaft Elis, wo er verbleibt, bis ihn neue Wirren, diesmal innerhalb der Peloponnes zwingen, sich nach Korinth zurückzuziehen. Aber inzwischen war das Exil – das mit längst verjährten Vorfällen sozusagen aus einer vergangenen Epoche in Verbindung stand – aufgehoben worden. Es ist nicht ganz klar, wann das geschah, aber es ist gewiß, daß seine Söhne – Gryllos und Diodoros – ihrerseits athenische Ritter waren, und Gryllos starb bei Mantineia 362 im Kampfe für Athen. Nach Aristoteles war um diese Zeit die Autorität des alten Xenophon in Athen so groß, daß die Lobeserhebungen wegen des Todes seines Sohnes gar nicht mehr aufhören wollten.

Über diese zweite Phase seines Lebens hat Xenophon einige autobiographische Abschnitte voller seltener innerer Gelöstheit verfaßt: eine Art erneuter Vorrede mitten in der *Anabasis,* die vielleicht andeuten soll, daß hier ein zweiter Teil beginnt, der zu einer anderen Zeit geschrieben wurde. In diesen Zeilen beschreibt Xenophon das eigene Leben auf seinem Landgut Skillus als Idylle. Aber auch hier, wo alles strahlend und gelöst oder heiter ist, bleibt doch eine merkwürdige Unklarheit bestehen: man glaubt zu verstehen, daß einer der Gründe – und nicht der geringste – für die Einfügung dieses autobiographischen Fragments darin liegt, irgendwie die Entstehung eines Vermögens zu erklären.

Xenophon erzählt da eine gewundene Geschichte von Kriegsbeute und von Weihegeschenken, die jedenfalls seiner äußersten Bedürftigkeit ziemlich widerspricht, in der er sich nach eigenen Angaben auf den letzten Seiten der *Anabasis* befunden haben will – nämlich da, wo er von seinem Treffen mit einem sonderbaren Freund in Lampsakos berichtet, dem Hellseher Eukleides. Diesem hatte er erklärt, er hätte nicht einmal mehr genügend Geld um sich für die Heimreise einzuschiffen, und er hätte – um existieren zu können – sogar sein Lieblingspferd verkaufen müssen.

XVI Skillus

Seine letzten Jahre verlebte Xenophon in Korinth, wo er »in hohem Alter« starb. Diese und andere Angaben verdanken wir dem Rhetor Deinarchos, der kurz vor dem Tode Xenophons in Korinth geboren wurde und dort seine Jugend verbrachte, bis er zum Studium der Rhetorik und der Ausübung des Rechtsanwaltsberufes nach Athen ging.
Über Xenophon und sein Leben auf der Peloponnes, vielleicht auch über seine Werke wußte Deinarchos gut bescheid und sprach darüber in einer Rede, in der er einen Enkel und Namensvetter des Xenophon aufs Korn nahm: es ist die Verteidigungsrede für einen gewissen Aischylos, einen Freigelassenen des jungen Xenophon. Auch in anderen Reden sprach Deinarchos von der Familie des Xenophon, zum Beispiel in einer Rede gegen einen gewissen Kallaischros (möglicherweise einen Abkömmling des Kritias), die wir gleichfalls nicht besitzen. Die Rede gegen den jungen Xenophon wurde – wegen des wertvollen biographischen Materials, das sie enthielt – von einem gelehrten Zeitgenossen Ciceros, Demetrios von Magnesia aufgeschrieben, der ein biographisch-antiquarisches Werk verfaßte, aus dem wiederum Diogenes Laertius, der Autor der *Leben und Meinungen berühmter Philosophen,* praktisch alles, was er über Xenophon weiß, herauszog. Es ist verständlich, daß sich Deinarchos gegenüber dem Gegner seines Klienten feindselig zeigte, das trifft aber nicht notwendig mit Bezug auf seine Ahnen zu: z.B. behandelte er von den beiden Söhnen des alten Xenophon Diodoros (also den Vater seines Prozeßgegners) schlecht, sparte jedoch nicht mit Komplimenten gegenüber dem berühmteren

Gryllos. Vom alten Xenophon wußte er einiges, z. B. daß die Spartaner ihm die Proxenie angeboten hätten. Er wußte besonders viel über seinen Aufenthalt in Skillus zu berichten, er kannte nicht nur den Namen von Xenophons Frau Philesia (die er eigenartigerweise als »Frauchen« bezeichnet), die ihm dorthin gefolgt war, und den Spitznamen der beiden Söhne (sie wurden »Dioskuren« genannt), sondern nannte auch die Ehrengeschenke, die ihm die Spartaner gemacht hatten (ein Haus und ein Landgut, abgesehen von den Dardanersklaven, die ihm ein Spartiat namens Philopidos als Geschenk übersandt hatte). Er befaßte sich dann noch mit Xenophon als Autor (und das überrascht nicht von seiten eines Freundes des Demetrios Phalereos und des Theophrast): z. B. wußte er, daß Xenophon seine historischen Werke in Skillus verfaßt hätte.

Und vielleicht geht auf diesen Deinarchos auch die Notiz zurück, die Demetrios an das Ende seiner Liste der Werke Xenophons setzte: »Es heißt, daß er in der Lage gewesen wäre, die noch nicht veröffentlichten Bücher des Thukydides als eigene Werke herauszugeben, stattdessen hat gerade er sie als Schriften des Thukydides publiziert.«

XVII Das wiedergefundene Buch

Diese Anmerkung löst ein uraltes und nie gelöstes Problem: Warum in aller Welt wird der Bericht des Thukydides am Ende des achten Buches unterbrochen – kurze Zeit nach dem Sturz der Oligarchie, also etwa im Spätsommer 411 –, wo Thukydides doch mehrmals eindeutig zu erkennen gibt, daß er den Ausgang des Konfliktes zwischen Athen und Sparta kennt und sogar in einem Abschnitt des fünften Buches zu lesen ist, »derselbe Thukydides aus Athen« habe seine Aufzeichnungen chronologisch fortgeführt, »bis Sparta mit seinen Bundesgenossen Athens Herrschaft zerschlug und die langen Mauern und den Piräus einnahm«.

Die unveröffentlichten Schriften des Thukydides hatten sich also nicht in Luft aufgelöst: sie waren in die Hände Xenophons gelangt. Die Art, in der Xenophon in ihren Besitz kam, hätte ihm offenbar ihre Aneignung möglich gemacht (dies will die Anmerkung des Demetrios besagen), aber Xenophon vermied es, sie als sein eigenes Werk auszugeben und veröffentlichte sie in der Tat mit dem Hinweis, daß sie von Thukydides stammten. Hierher also stammt das Erzählfragment, das einen großen Teil der ersten beiden Bücher der *Hellenika* des Xenophon anfüllt und das den Bericht des Thukydides ergänzt, sich sogar fugenlos – wie zwei Bruchstücke eines zerbrochenen Gegenstands aneinanderpassen – an die letzten Worte der letzten thukydideischen Seite anfügt.
Die letzte Episode, mit der die uns überlieferte *Geschichte des peloponnesischen Krieges* des Thukydides schließt, ist ein Zug des persischen Satrapen Tissa-

phernes aus dem Süden Kleinasiens in Richtung auf die Dardanellen. Da Tissaphernes fürchtete, seine Beziehungen zu den Spartanern – die mit dem Seekrieg in den Meerengen beschäftigt waren – könnten sich verschlechtern, entschließt er sich, sich persönlich an den Hellespont zu begeben und sich mit ihnen auszusprechen. Die Reise vollzieht sich in zwei Etappen. Thukydides folgt ihm von Aspendos, dem der Insel Zypern gegenüberliegenden Hafen an der pamphylischen Küste, bis nach Ephesos in Jonien. Hier unterbricht er seine Erzählung mit der Bemerkung: »Er machte zuerst in Ephesos Station und wollte dort der Artemis ein Opfer bringen.«
Nun lesen wir in den *Hellenika* unmittelbar nach dem Bericht über die Schlacht von Abydos*: »Danach kam Tissaphernes am Hellespont an.« Es handelt sich also um den letzten Teil der Reise. Und der Autor fährt fort: »Kaum war er angekommen, kam Alkibiades mit einer einzigen Triere und einer Fülle von Geschenken zu ihm, aber Tissaphernes ließ ihn ergreifen, in Sardes festsetzen und erklärte, es sei der Befehl des Königs, die Athener zu bekämpfen.« Der unerwartete barsche Empfang, den er dem Freund Alkibiades zuteil werden läßt, wird nur dann verständlich, wenn man – aus der letzten Seite des Thukydides – weiß, daß Tissaphernes am Hellespont mit dem Ziel ankam, die Dinge mit den Spartanern zu klären und jeden Anschein eines Doppelspiels seinerseits mit den Athenern zu vermeiden.

Ich habe oben schon gesagt, daß die *Hellenika* mit einem Bruchstück beginnen, das den thukydideischen

* Seesieg der Athener i. J. 411 über die spartanische Flotte in den Dardanellen, bei dem auf seiten der Athener Alkibiades auf See und auf seiten der Spartaner Pharnabazos (der persische Satrap von Daskyleion und Gegenspieler des Tissaphernes!) von der Landseite intervenierte. (O. K.)

Bericht vervollständigt. Eine andere Bezeichnung eines Torso, der ex abrupto mit den Worten »Nach diesen Ereignissen...« beginnt, ist unmöglich; denn an und für sich bleiben diese Worte ja dunkel, da sie auf einen Kontext anspielen, der jetzt fehlt. Stattdessen hebt Xenophon ein umfängliches Schlußwort für das Ende des Berichts über den Krieg auf – etwa in der Mitte des jetzigen »zweiten Buches« der *Hellenika*: in Gestalt eines Epilogs auf den gesamten Krieg* einschließlich der von Thukydides erzählten einundzwanzig Jahre.
Zusammenfassend läßt sich sagen, daß in diesem Torso des ersten Buches der *Hellenika*, der sich nach dem thukydideischen narrativen und chronologischen Schema richtet, die charakteristischen Züge erhalten sind, die er besaß, als er zusammen mit dem Rest des Werkes des Thukydides zirkulierte. Das Fragment besitzt diese Züge auch jetzt noch, nachdem es zu einem bestimmten Zeitpunkt mit den *Hellenika* des Xenophon zusammengefügt wurde.

* Dieser Epilog, bei dem sich Xenophon übrigens in der Anzahl der Kriegsjahre verrechnet (und 28½ statt 27½ Jahre zählt), folgt auf die Kapitulation von Samos (das den Spartanern ja noch ein halbes Jahr länger widerstand als Athen) im Zusammenhang mit der Rückkehr des Feldherrn Lysandros nach Sparta. Es folgt dann die Schilderung des Regimes der »Dreißig« und des Bürgerkrieges. Siehe *Hellenika*, II, 3.9.-11 (O.K.).

XVIII Wie die *Hellenika* entstanden

Es heißt im allgemeinen, daß die *Hellenika* des Xenophon die *Geschichte des peloponnesischen Krieges* des Thukydides fortsetzen. In Wirklichkeit begannen die *Hellenika* mit dem dritten Buch unserer heutigen Zählung und fingen mit einer kurzen Zusammenfassung der *Anabasis* an, deren Fortsetzung die *Hellenika* ja auch sind. Es ist offensichtlich, daß die *Anabasis* – ein Kriegstagebuch – Tag um Tag, jeweils nach Ablauf der erzählten Fakten niedergeschrieben wurde. Sie entstand vor den *Hellenika.* Diese setzten vielmehr gerade da ein, wo die abenteuerreiche (aber periphere und sozusagen private) Handlung des Rückzugs der griechischen Söldner durch Asien wieder in die »große Geschichte« einmündet: als die Söldner – mit Xenophon an der Spitze – sich dem Thibron zur Verfügung stellen, dem spartanischen General, der die Perser in Asien bekämpfen sollte, nachdem der Aufstand des Spartanerfreundes Kyros gescheitert war. Hiermit beginnen die *Hellenika,* und da Xenophon hier wiederum Erzähler und Augenzeuge ist, bewahren sie noch, hauptsächlich in diesem Teil, die Tagebuchform und den Fortlauf des »persönlichen« Berichts, der schon für die *Anabasis* eigentümlich war.

Die Chronik Athens unter dem Regime der »Dreißig«, ein Bericht, der sowohl im Verhältnis zu dem thukydideischen Torso wie zu den *Hellenika* selbständig dasteht, füllt die zeitliche Lücke nicht aus, die zwischen den *Hellenika* und dem thukydideischen Torso klafft. (Es sind die Jahre von 404-399.) Erst viele Jahre später hat Xenophon die Chronik über die Dreißig mit einer summarischen Anschlußpassage an die *Hellenika* angefügt: »Danach (von Aristoteles wissen wir jedoch, daß drei Jahre verstrichen waren) marschierten die Athener in voller Stärke gegen die von Eleusis, nachdem sie gehört hatten, daß diese Söldnertruppen aufstellten: Sie töteten ihre Anführer, die zu Verhandlungen gekommen waren, die anderen brachten sie dazu, sich mit der Stadt wieder zu versöhnen und boten zu diesem Zweck deren Verwandte und Freunde auf. Sie schworen den Eid, daß sie für erlittenes Unrecht keine Vergeltung üben wollten; und *noch heute* leben sie in bürgerlicher Eintracht zusammen, und das Volk hält seine Eide ein.«

Der Schlüssel liegt in diesem Satz: »noch heute hält das Volk seine Eide ein«. Das sind Worte, die – im Unterschied zur Chronik, die ihnen vorausgeht – viel später als die erzählten Fakten niedergeschrieben wurden (»noch heute«). Es sind die Worte, mit denen Xenophon seine eigene Aussöhnung mit Athen verkündet, und sie scheinen folglich zu einem Zeitpunkt geschrieben zu sein, an dem seine Verbannung widerrufen war. Und genau das will Xenophon mit diesen Worten ausdrücken. Er bestätigt damit implizit zugleich, daß die nunmehr weit zurückliegenden Gründe für das Exil in Vorgängen wurzelten, die in die bewegte Epoche der »Dreißig« gehörten.

XIX Xenophon als Herausgeber

Dieses spät eingefügte Anschlußstück zwischen der Chronik über die »Dreißig« und den eigentlichen *Hellenika* ist aber auch Indiz für die Tatsache, daß derjenige, der die drei Teile zu jenem einen Korpus zusammengesetzt hat, den man sich angewöhnt hat, *Hellenika,* »griechische Geschichte« zu nennen (den thukydideischen Torso über das Ende des peloponnesischen Krieges, die Chronik über die »Dreißig« und die griechische Geschichte nach dem Ende der *Anabasis*), niemand anderes war als Xenophon selbst. Dies jedoch nicht etwa deshalb, weil er beabsichtigt hätte, sich »der nicht veröffentlichten thukydideischen Schriften zu bemächtigen«, wie dies eine Xenophon-feindliche Tradition vermutete, der dann Demetrios als Apologet entgegentrat (»obgleich er sie sich hätte aneignen können, hat gerade er sie – als Werke des Thukydides – veröffentlicht«). Im Gegenteil: der Thukydideische Torso trug einen eigenen Titel *»Paralipomena Thukydidei,* wir würden sagen: »Vermischte Schriften aus dem unveröffentlichten Werk des Thukydides« – einen Titel, den einige mittelalterliche Handschriften des Xenophon noch bewahrt haben.
Xenophon hat also beabsichtigt, ein Ganzes zu bilden, in dem die Herkunft der einzelnen Teile gehörig erklärt wurde. Die Lösung, die er gefunden hat, erschien offenbar – manchem – hart an der Grenze zum Plagiat, besonders im Licht anderer gegnerischer Unterstellungen, deren Spuren wir in der Tradition vorfinden. Xenophon reagierte vermutlich auf diese Vorwürfe, als er ein über weite Teile apologetisches Werk wie die *Anabasis* unter falschem Namen veröffentlichte.

XX Xenophon als Koautor

In einem autobiographischen Vorwort berichtet Xenophon von der Existenz weiterer thukydideischer Schriften. Dieses Vorwort findet sich im fünften Buch des Thukydides: jenem fünften Buch, dessen Eigenart und Herkunft von den Heutigen immer wieder in Frage gestellt wurde, wobei man meistens zu dem Schluß kam, daß ein antiker »Herausgeber« die Hand im Spiel gehabt hätte.
Xenophon enthüllt hier vor allem etwas, was bis zu diesem Zeitpunkt noch nicht bekannt war, und zwar, daß Thukydides die Geschichte des Krieges bis zur Übergabe von Athen fortgeführt hatte: »auch diesen Teil hat derselbe Thukydides aus Athen aufgeschrieben... und er ist mit der Erzählung bis zu jenem Zeitpunkt gelangt, in dem die Spartaner und die Verbündeten das athenische Imperium stürzten, die großen Mauern und den Piräus einnahmen«. Eine Behauptung, die gar nicht wahr sein könnte, wenn sie von einem Thukydides stammte, dessen Bericht tatsächlich im Jahre 411 endete, also volle sieben Jahre vor dem Ende des Krieges – eine Feststellung, die aber ihre Bedeutung gewinnt, wenn man sie als eine Erklärung des Xenophon über das Ausmaß der thukydideischen literarischen Hinterlassenschaft auffaßt, die er im Begriff ist, zu veröffentlichen.

Dann spricht Xenophon von sich selbst und von dem Exil, das, indem es ihn auf die Peloponnes führte, ihm ermöglichte, das ›Antlitz‹ des Krieges auch von peleponnesischer Seite genau kennenzulernen: Eines Krieges, dessen Ausbruch er übrigens – wie er präzisiert – schon von vorneherein zu verstehen in der

Lage war, und für den er sich von Anfang an »mit gespannter Aufmerksamkeit« interessiert hatte. Und deshalb begnügt er sich am Ende dieses Proömiums nicht mit der Rolle des Herausgebers der thukydideischen Schriften, sondern schreibt sich auch noch das Verdienst zu, Zusätze und »Erklärungen« hinzugefügt zu haben.

In den späteren Stücken, zu deren Herausgeber er sich gemacht hat – das heißt, dem Bericht über die ersten Jahre des Friedens und die letzten sieben Kriegsjahre –, kann man tatsächlich Einschübe, die von Xenophon stammen, erkennen: Einschübe, in denen Informationen über die spartanische Welt gegeben werden oder die überhaupt aus spartanischen Quellen stammen und somit den Beitrag Xenophons enthalten, den er den wertvollen Erfahrungen seines langen Exils auf der Peloponnes verdankt. So gibt er zum Beispiel beim Bericht über den siegreichen spartanischen Feldzug von Mantinea (418) eine Unzahl von Daten über die militärische Organisation der Spartaner an und endet mit dem Lobpreis des Sieges von Mantinea, der »endgültig den Makel der den Spartanern vorgeworfenen Säumigkeit von ihnen genommen hätte«. (Im Gegensatz hierzu bestand Thukydides noch nach den von den Spartanern nicht genutzten Abfall Euboias (411) gerade auf dem schwerwiegenden Makel der spartanischen »Säumigkeit«.)

Kurz zuvor fügt Xenophon in den Bericht eine Episode ein, die ihm, der damals in Elis ansässig war, wohlbekannt sein mußte: Es handelt sich um den Streit zwischen Spartiaten und Eleeiern, der sich während der Olympischen Spiele im Jahre 419 ereignete, ein Vorfall, der sich mit fast den gleichen Worten erzählt – an einer Stelle der *Hellenika* wiederfindet, bei der es um die Rivalität zwischen Spartanern und Eleeiern geht.

Weiter unten reichert er – es geht um den Jonischen Krieg – die Erzählung mit Details an, die sich auf Persönlichkeiten beziehen, die für ihn und seine späteren Erlebnisse wichtig waren – zum Beispiel auf Klearchos (den zukünftigen Oberkommandierenden der Söldner des Kyros) und den Boiotier Koiratadas (Exilant und Söldner aus Leidenschaft, Anstifter der Teilnahme des Xenophon bei dem Zug nach Thrakien). Alles Gestalten, die in der *Anabasis* wiederkehren.

Kurz gesagt, die Zusammenfassung der »Paralipomena des Xenophon und Thukydides« zu einem Korpus von Schriften, der zur Hälfte von Thukydides, zur Hälfte von ihm selbst stammte, ergab sich aus dem Umstand, daß Xenophon die unveröffentlichten Schriften des Thukydides manipuliert hatte. Die Unterstellung, von der Demetrios spricht, traf also – wenn hier auch die Bosheit am Werke war – ins Schwarze.
Von den thukydideischen Manuskripten, die auf uns gekommen sind, enthalten einige noch über die acht Bücher des Thukydides hinaus die *Hellenika*, und genau darin besteht das Prinzip der Edition Xenophons. Nun ist die Einheit eines Korpus von Schriften in einem Manuskriptkonvolut eine materielle Einheit – die Einheit der vielen Buchrollen, die im Altertum diesen Korpus darstellten, ist hingegen eine nur ideelle Einheit. Denn die verschiedenen Schriftrollen konnten ganz verschiedene Schicksale haben und hatten dies auch oft. So ist es dem vollständigen Werk des Thukydides ergangen. Von den beiden nicht edierten Buchrollen, die erst von Xenophon in Umlauf gebracht wurden – also diejenige, die das autobiographische »zweite Proömium« voraussetzt und die die ersten Jahre des Nikiasfriedens behandelt, und die folgende,

die *ex abrupto* mit der Ankunft des Tissaphernes am Hellespont anfängt und den Schlußtorso enthält –, verblieb die erste, wie zu erwarten war, im Werk des Thukydides und wurde in der Mitte des fünften Buches eingefügt; die andere hingegen zirkulierte – eben wegen ihrer Endlage – von einem bestimmten Zeitpunkt an zusammen mit den *Hellenika* des Xenophon, mit denen sie sich schließlich fest verband.

XXI Das Proömium des Xenophon

Das Proömium des Xenophon wurde gleichfalls spät verfaßt, nämlich erst, als seine Verbannung aufgehoben worden war. Es entstand also gleichzeitig mit jenem Zwischenstück, das Xenophon ans Ende seiner Chronik der »Dreißig« gesetzt hat und in dem er seiner Vaterstadt Athen für den Widerruf des Exils dankt. Beide Texte und sogar der Vorsatz, ein historiographisches Korpus neu zusammenzustellen, das sich auf die damit zugleich abgeschlossene Werkausgabe des Thukydides stützen sollte, gehen also wahrscheinlich auf Xenophons Zeit der Muße in Skillus zurück. Es ist dies die glückliche Zeit, in der Xenophon zwar noch auf seinem Gut in der Nähe von Olympia lebt und auch von fernen Freunden aufgesucht und verehrt wird, aber bereits kein Verbannter mehr ist und ihm die Spartaner die Proxenie, also die ständige Vertretung der Stadt Athen in ihrem Land, übertragen haben.

Deshalb spricht Xenophon in dem autobiographischen Proömium von seinem Exil als von einer abgeschlossenen und weit zurückliegenden Sache, und er spricht darüber sicherlich nicht in Verbitterung (wenn er auch die Ursache des Exils im Dunkeln läßt), sondern mit Selbstgefälligkeit: Es habe ihm zu einem Schatz von Erfahrungen verholfen und ihn in die Lage versetzt, die Schriften des Thukydides, die noch nicht herausgegeben waren und an die sicherlich noch nicht die letzte Hand angelegt worden war, mit seinen Kenntnissen anzureichern.
Seine einmalige Erfahrung als auf der Peloponnes lebender Exilant so kurz nach dem Großen Krieg hatte

ihm die Bekanntschaft von großen Männern und Vorkämpfern verschafft, hatte ihm zu genügend Ansehen für einen eigenen Beitrag (wenn dieser auch in seinem Gehalt parasitär war) zur Geschichte des Großen Krieges verholfen. Übrigens: auch in der *Anabasis* schreibt sich Xenophon eine Rede zu, in der er sich mit Nachdruck zu denjenigen zählt, die das Kräfteverhältnis zwischen Athen und Sparta zu Beginn des peloponnesischen Krieges »gesehen haben und sich daran erinnern«. (Es wird kein Zufall sein, daß er bei der Erinnerung an jenen Augenblick, den »gesehen« zu haben er behauptet, einige der Anfangskapitel des Thukydides paraphrasiert.) Und als er im hohen Alter ein Traktätchen über Volkswirtschaft schreibt, voll von guten Ratschlägen für Athen, betitelt: »Die Staatseinkünfte«, hält er darauf, uns mitzuteilen, er sei unter jenen wenigen, die sich noch daran erinnern, wieviel ein Sklave kostete, bevor die Spartaner Dekeleia besetzten. Es scheint demnach seine Hauptsorge zu sein, wo immer er kann, die eigene Kompetenz in Sachen peloponnesischen Krieges herauszustellen.

Und dennoch – trotz seines beständigen Bemühens, dieselbe Höhe zu erklimmen wie Thukydides (eines Bemühens, das im autobiographischen Proömium besonders evident wird, wenn er sich darin auch verrät und eine Ungenauigkeit mit Bezug auf die Haltung der ehemaligen Verbündeten Athens während des Nikiasfriedens durchgehen läßt) – seine eigentliche Ader ist doch stets das Tagebuch-Schreiben geblieben. Ein Tagebuch ist die Chronik des tristen Jahres unter den »Dreißig«; ein Tagebuch im eigentlichen Sinne die *Anabasis;* und Tagebuchcharakter haben auch die (eigentlichen) *Hellenika* im engeren Sinne, also die Teile, die mit einem Hinweis auf die *Anabasis* eröffnet werden und da anheben, wo jene schließt: in diesen Büchern wird die Große Geschichte der griechischen Staaten auf eine Chronik all dessen reduziert, was Xenophon bei seinen Reisen durch Asien, Thrakien und Griechenland – alle auf Befehl spartanischer Generäle unternommen – sah und hörte.

Tatsächlich hebt sich nur die Erzählung der letzten sieben Jahre des peloponnesischen Krieges – somit der Teil, den wir den »Thukydideischen Torso« genannt haben – von der bequemen Tagebuchfolge ab. Das hat Jacob Burckhardt intuitiv erfaßt und kurz folgendermaßen ausgedrückt: »Von jenem Teil, der in einem so herrlichen und mächtigen Stil geschrieben ist, daß man an die Verwendung thukydideischen Materials denken muß, sind die folgenden Teile weit entfernt. Ab dem dritten Buch der *Hellenika* haben wir es mit einem Kriegstagebuch aus dem spartanischen Generalstab zu tun.«

XXII Das erfundene Exil

Thukydides war ein reicher Aristokrat gewesen, verwandt mit der Familie des Miltiades, durch dauerhafte persönliche und wirtschaftliche Bande in Thrakien verankert. Dort hatte er Besitztümer und verfügte über Beziehungen zu den Vornehmsten des Landes, schließlich hatte er auch Einnahmen aus der Pacht der Goldbergwerke des Pangaios.

Auch Brasidas, der spartanische General, der im Winter 424/423 die Verteidigungsstellungen und das Bündnissystem der Athener in Thrakien zerpflückt hatte, hatte befürchtet, daß Thukydides, der in jenem Jahr Stratege war und von den Athenern zusammen mit einem anderen Strategen namens Eukles gerade für Thrakien vorgesehen war, durch sein bloßes Erscheinen in Amphipolis den unmittelbar bevorstehenden Abfall der Stadt verhindern könnte: seine bloße Anwesenheit – so vermutete Brasidas – hätte Amphipolis unverhoffte Hilfe aus dem Inneren Thrakiens verschafft. In seinem Bericht über jenen Feldzug erinnert Thukydides mit unverhohlener Genugtuung an jene Ängste des Brasidas; er ist gleichfalls stolz darauf, daß es ihm gelang, in einer sehr schwierigen Situation mit einem Hauch Brasidas von Eion, dem Hafen an der Mündung des Flusses Strimon, wegzupusten: zu einer Zeit nämlich, da sich Eukles, der doch »für die Verteidigung von Amphipolis verantwortlich war«, unfähig gezeigt hatte, den Abfall der Stadt zu verhindern und andere Städte wie in einer Kettenreaktion ihrem Beispiel folgten. Ein großer Erfolg war das, »sowohl im See- wie im Landkrieg«, da Brasidas sich nicht begnügt hatte, die Stadt nur flußaufwärts fahrend anzugreifen, sondern auch auf dem Landwege gegen sie vorging.

Der Erfolg des Thukydides war einer von ganz wenigen in einer Zeit gewesen, in der Athen sonst nur Abfall von Bundesgenossen und militärische Niederlagen erfuhr. Man sieht eigentlich nicht, aus welchem Grund er nach einem solchen Erfolg zwanzig Jahre ins Exil hätte gehen müssen, wie man von dem Zeitpunkt an geglaubt hat, an dem das autobiographische Proömium des Xenophon dem Thukydides zugeschrieben wurde (nur deshalb, weil es sich schließlich – nachdem das Buch seine Gestalt geändert hatte – mitten im Werk des Thukydides fand). Eine wahrlich unglaubliche Angabe, vor allem wenn man dazu noch berücksichtigt, daß die Athener nach 413, also nach der sizilianischen Katastrophe, alle Verbannten zurückgerufen hatten (und auf jeden Fall hätten seine Freunde ihn im Jahre 411 zurückgerufen). Das Exil hätte also weit weniger als zwanzig Jahre gedauert! Außerdem gibt der Verfasser des Proömiums an, die Jahre des Exils auf der Peloponnes verbracht zu haben, und das war bei Xenophon der Fall, wie wir es aus der *Anabasis* wohl wissen.

XXIII Thukydides verschwindet

Wenn wir tatsächlich – wie das auf den vorangegangenen Seiten geschehen ist – das Werk des Thukydides befragen, das heißt, wenn wir aus seinem Bericht Hinweise über seine Anwesenheit in Athen oder anderswo zu entnehmen versuchen (außer im Fall seines glänzenden Feldzugs in Thrakien, vermerkt Thukydides nie etwas über einen Ortswechsel), dann finden wir ihn im Jahre 415 in Athen, als das »sizilische Fieber« ausbricht und der Skandal der verstümmelten Hermen bekannt wird. Wir finden ihn 411 immer noch in Athen, als der oligarchische Staatsstreich heranreift und schließlich ausbricht; wir werden durch seine Begeisterung für die sittenstrenge und vergebliche Verteidigungsrede des Antiphon mitgerissen; und wir erfassen einen Augenblick lang sein flüchtiges Wohlgefallen an der Politik Athens während der kurzen Episode der Regierung der »Fünftausend«. (Es ist natürlich auch nicht auszuschließen, daß Thukydides während der Belagerung von Syrakus auch jenen Kriegsschauplatz selbst besucht hatte und später die so nahe bei seinen thrakischen Besitzungen gelegenen Meerengen der Dardanellen.) Zur Zeit der Niederlage war er in Athen und sah das Ende des athenischen Imperiums und die Zerstörung der Mauern: aus deren Konstruktionsprinzip – das gerade bei der Zerstörung zutage trat – zog er historisch-archäologische Schlußfolgerungen auf ihre überstürzte Bauweise, wie sie ein knappes Jahrhundert zuvor Themistokles durchgesetzt hatte.

Hat Thukydides unter den »Dreißig« gelebt? Besser gesagt: hat er die »Dreißig« überlebt? Gewiß ist, daß er –

obgleich er vorausgreifende Exkurse keineswegs verschmäht – nie auf die »Dreißig« anspielt, auch wenn er von denselben Personen spricht, die ja schon 411 den ersten Staatsstreich und das erste Experiment einer Oligarchie unternehmen. Als er von wenigstens einem von ihnen, dem Theramenes, ein skizzenhaftes Porträt entwirft, scheint er von dessen tragischem Ende nichts zu wissen, das Kritias 404 nach wenigen Monaten gemeinsamer Regierung herbeiführt. Das ist ein Schweigen, das sich am besten mit dem Verschwinden des Thukydides selbst zu jenem Zeitpunkt erklären ließe. Übrigens war Theramenes liquidiert worden, weil er die Umwandlung des Regimes der »Dreißig« aus einem Regiment der »Guten« zu einem, das die Reichen und »Leute von Rang« verfolgte, öffentlich anklagte: ein typisches Beispiel hierfür war die Verhaftung des steinreichen Nikeratos, des Sohnes des Nikias, der sich sicherlich nie auf die Seite der Demokraten geschlagen hatte.
Sodann hatte es Thukydides, der mit dem sozialen Umfeld der Oligarchen und der Hetairien so sehr verwachsen war, daß er Enthüllungen und Anspielungen in seinem Bericht des Putsches von 411 hineinarbeitet, fertiggebracht, sich selbst aus diesem Coup herauszuhalten: das hat ihm sicherlich bei denselben Oligarchen, die nun mit Hilfe der spartanischen Waffen an die Macht zurückgekehrt waren, kaum Sympathie verschafft.
Vor allem aber war Thukydides ein notorischer Verehrer des Alkibiades: also des Mannes, dessen Tod Kritias verlangt hatte, »koste es, was es wolle«, und dessen Hinrichtung er beständig und schließlich mit Erfolg von Lysandros verlangt hatte – in der festen Überzeugung, daß »solange Alkibiades am Leben sei, sich die Oligarchie in Gefahr befände«. Die Bewunde-

rung des Thukydides für Alkibiades fand sich in seinen Schriften, sowohl in jenen, die schon bekannt und im Umlauf waren, als auch in denen, die Xenophon später edieren sollte. Und vielleicht hatte er sich nicht nur in dieser Form ausgedrückt. (Vielleicht hat auch die reservierte Haltung, die Thukydides gegenüber dem Putsch von 411 einnahm, eine Haltung, die Alkibiades damals teilte, in diesem Zusammenhang eine Bedeutung.) Nichts liegt – in einem solchen Falle – näher, als sein Verschwinden, für das sein Schweigen über die Dreißig spricht, mit der von Kritias gewollten Beseitigung der Freunde des Alkibiades in Verbindung zu bringen.

Daß Thukydides eines »gewaltsamen Todes« starb, wie es der hochgelehrte Didymos behauptet, war jedenfalls die übereinstimmende Überzeugung der antiken Tradition. Nach Didymos wurde Thukydides in Athen zur Zeit der Dreißig erschlagen, nach Plutarch wurde er auf seinen Besitzungen von Skapte Hyle nahe bei den Goldminen am Pangaios ermordet. Sein Grab entdeckte ein Archäologe, Polemon von Ilios, zwei Jahrhunderte später in Athen unter den Gräbern der Sippe des Kimon. Und damals begann man sich über die Art, den Ort und die Umstände des Todes des Thukydides Gedanken zu machen.

XXIV Das Zusammentreffen

Was den Ritter Xenophon angeht, so können wir endlos darüber spekulieren, auf welche Weise er in den Besitz der Papiere des Thukydides kam (in Athen?, in Thrakien?). Wie dem auch sei: es muß ein Opfer der Bluttat gegeben haben, die ihn – nach dem Ende der »Dreißig« – aus Athen hinaustrieb und ihm die Verurteilung zum Exil einbrachte.

QUELLEN

Die im Text zitierten Quellen in der Reihenfolge ihrer Verwendung:

I

DAS SIZILISCHE FIEBER: Thukydides, *Geschichte des peloponnesischen Krieges,* VI.24.3-4; VI.1.1; VI.6.1.; VI.15.2; VI.25.1-2.

II

ALKIBIADES: Thukydides, *op. cit.,* VIII.46; VIII.46.5; VI.15.4; I.138.3; VIII.1; I.144.1; II.65.7; II.65.12.

III

DIE GROSSE ARMADA STICHT IN SEE: Thukydides, *op. cit.,* VI.30-32; VI.31.1; VI.31.6; VIII.1.

IV

SKANDALE: Thukydides, *op. cit.,* VI.27.3; VI.28.1-2; VI.29.3; VIII.1.

V

GESTÄNDNIS UND URTEIL: Thukydides, *op. cit.,* VI.60.2; VI.60.4; VIII.65.2; Plutarch, *Alkibiades* 19.3; Thukydides, *op. cit.,* VI.60.2.

VI

DAS TRAUMA DER TYRANNIS: Thukydides, *op. cit.,* VI.53.2-3; VI.60.4; VIII.65.2; Aristophanes, *Lysistrata* 618; Thukydides, *op. cit.,* VI.61.1.

VII

DIE VERSCHWÖRUNG: Pseudo-Xenophon (anonymer Autor, genannt der »alte Oligarch«), *Der Staat der Athener* 2.17; Thukydides, *op. cit.,* VIII.1; VIII.65.3; VIII.66.1; VIII.49; VIII.65-66; VIII.66.3; VIII.65.2; VIII.66.4-5; VIII.68.4.

VIII

DAS ENDE DER OLIGARCHIE: Thukydides, *op. cit.,* VIII.66.1 und 67.1-2; VIII.92.2; VIII.93.1; VIII.94.2; VIII.96.1; VIII.96.3; VIII.97.1 und 2; VIII.97.2.

IX

ANTIPHON: Marcellinus, *Leben des Thukydides* 22; Thukydides, *op. cit.,* VIII.98; VIII.68; Xenophon, *Hellenika,* II.3.32; I.7.28; Thukydides, *op. cit.,* VIII.68.2; Aristoteles, *Fragment* 137 (ed. Rose); Cicero, *Brutus* 47; Thukydides, *op. cit.,* VIII.68.1; VIII.92.11; VIII.65.2; VIII.66.3.

X

DIE RÜCKKEHR DES ALKIBIADES: Xenophon, *Hellenika,* I.4.13; II.3.31; II.1.32; II.1.26; Lysias, *Reden* 12.73.

XI

DER ZUSAMMENBRUCH: Xenophon, *Hellenika,* II.1.31-32; II.2.6; II.3.6; II.2.19-30; II.2.3; Thukydides, *op. cit.,* V.90; Xenophon, *Hellenika,* II.2.4; II.2.10; Thukydides, *op. cit.,* II.12.2; Xenophon, *Hellenika,* II.2.16; II.2.23; Thukydides, *op. cit.,* I.139.3; Lysias, *Reden* 12.73.

XII

DIE DREISSIG: Xenophon, *Hellenika,* II.4.6; II.4.9; II.4.23; Thukydides, *op. cit.,* VIII.93.1; Xenophon, *Hellenika,* II.4.24-27; Polybios, *Historien* 29.12.4; Xenophon, *Hellenika,* II.4.31; II.4.35; II.4.43.

XIII

DIE AMNESTIE: Aristoteles, *Der Staat der Athener* 39.6; 38.4; 40; Xenophon, *Hellenika,* III.1.4.

XIV

XENOPHON ENTSCHWINDET: Xenophon, *Memorabilien* (»Erinnerungen an Sokrates«), I.2.12; Xenophon, *Anabasis,* I.1.11; III.1.5-6; VII.7.57; Xenophon, *Hellenika,* III.2.7.

XV

DIE HEIMKEHR DES EXILANTEN: Xenophon, *Anabasis,* V.3.7-13; VII.8.1-6; VII.8.7-8.

XVI

SKILLUS: Diogenes Laertius, *Leben und Meinungen berühmter Philosophen,* II.48-59; II.54; II.51; II.51; II.52; II.57.

XVII

DAS WIEDERGEFUNDENE BUCH: Thukydides, *op. cit.,* V.26.1; VIII. 109; Xenophon, *Hellenika,* I.1.9.

XVIII

WIE DIE »HELLENIKA« ENTSTANDEN: Xenophon, *Hellenika,* III.1.1-2; II.4.43.

XIX

XENOPHON ALS HERAUSGEBER: Diogenes Laertius, *op. op.cicit.,* II.57; zum Titel *Paralipomena Thukydidei* auf mittelalterlichen Handschriften siehe: Codex Laurentianus plut. 69.12; Codex Laurentianus San Marco 330; Codex Napolitanus (Biblioteca dei Gerolamini), XXII.1.

XX

XENOPHON ALS KOAUTOR: Thukydides, *op. cit.,* V.26; V.26.1; V.26.6; V.70-75; V.50; VIII.39; Xenophon, *Hellenika,* I.3.15-22; Xenophon, *Anabasis*, VII.1.33-34.

XXI

DAS PROÖMIUM DES XENOPHON: Thukydides, *op. cit.*, V.26.5; Diogenes Laertius, *op. cit.*, II.51; Xenophon, *Anabasis,* VII.1.26-27; Xenophon, *Poroi* (»Staatseinkünfte der Athener«), 4.25; Thukydides, *op. cit.*, V.26.2 (die Verbündeten in Thrakien »blieben unvermindert Feinde« während des Nikiasfriedens: wir wissen hingegen aus VI.7.4., daß sie einen zehntägigen Waffenstillstand respektierten); Jacob Burckhardts Urteil über den Stilbruch in den *Hellenika* findet sich im zweiten Band seiner *Griechischen Kulturgeschichte* (1872-75).

XXII

DAS ERFUNDENE EXIL: Thukydides, *op. cit.*, IV.105.1; IV.104.4; IV.107.2; Philochoros, *Fragment* 137 (ed. Jacoby = *FGrHist* 328, Fr. 137).

XXXIII

THUKYDIDES VERSCHWINDET: Thukydides, *op. cit.*, VIII.68.4; I.93.2-5; Xenophon, *Hellenika,* II.3.38-39; Plutarch, *Alkibiades* 38.5-6; Marcellinus, *op. cit.* 32; Plutarch, *Kimon* 4; Marcellinus, *op. cit.* 17 und 31-34.

ANHANG

Historiker und Detektive, Indizien und Analogien

So also *fand* ich die Vorzeit,
in mühsamer Untersuchung, da nicht jedem
ersten besten *Indiz* zu trauen war.
Thukydides, I. 20. 1

1.

Thukydides charakterisiert im ersten Buch seiner *Geschichte des peleponnesischen Krieges* vorab sein Erkenntnisinteresse und seine Methode: Da er gleich beim Ausbruch des Krieges erwartet hatte, dieser Krieg werde »groß« sein und denkwürdiger als alle vorhergehenden, insbesondere die Perserkriege (I. 23), begann er sogleich mit seiner Sammlung und dem Niederschreiben (*syngraphein*, I. 1). Daß dieser Krieg bedeutender, »größer« war als alle anderen der Hellenen, Barbaren, ja sogar des Großteils der Menschen überhaupt, schließt er nach sorgfältiger Prüfung aller ihm zugänglichen »Zeugnisse« oder »Indizien« *(tekméria)*. Die Bedeutung des Krieges, seine »Größe« und seine zusammenhängende Einheit – bestand er doch aus mehreren Teilkriegen und Friedens- oder Waffenstillstandsperioden: dem »archidamischen Krieg« (431-421), dem mißtrauisch beäugten »Nikiasfrieden« (421 ff.), dem Sizilien-Feldzug der Athener (415-413) und dem »dekeleischen Krieg« (413-404) – ist also nichts Vorgegebenes, sondern selbst bereits das Ergebnis von Forschung und Darstellung.

Im Unterschied zur bloßen »Untersuchung« *(historiein)* der Verläßlichkeit der Berichte (Quellen) über vorgegebene objektive Ereignisse, wie wir sie im Werke des Herodot finden, ist für Thukydides bereits das historische Faktum »peloponnesischer Krieg« Produkt der historiographischen Tätigkeit:

das Ereignis *als* historisches Faktum (seine »Größe«) muß – aufgrund von »Indizien« – erst »gefunden« *(heurein)* werden (vgl. L. Canfora, *Tucidide. L'oligarcha imperfetto*, Roma 1988, Kap. I; siehe auch Simon Hornblower, *Thucydides*, London 1987, Kap. I und II).

2.
Luciano Canfora untersucht die »sichtbaren« – also lesbaren – Zeugnisse der Historiographie des peloponnesischen Krieges, verfaßt von zwei Athenern, unter einer anderen Fragestellung: Er sucht in der Ereignisgeschichte, dem Bericht der *res gestae,* zugleich nach der Geschichte der Verfasser – von denen der eine (Thukydides) sich vornehm zurücknimmt, während der andere (Xenophon) nahezu permanent von sich selbst erzählt – und stößt hinter der »sichtbaren« Geschichte auf recht sonderbare Indizien, widersprüchliche Zeugenaussagen und Überlieferungen dritter und späterer Protokollanten. Schon Generationen von Althistorikern sind über sie gestolpert.
Mindestens seit 130 Jahren versucht die Klassische Altertumswissenschaft und Altphilologie, das Puzzle der eigenartigen Unordnung der Bücher des Thukydides, der Zeit ihrer Abfassung und der Frage ihrer »Fortsetzung« in Xenophons *Hellenika* zu einem stimmigen Bild zusammenzusetzen. Die meisten nahmen Zuflucht zur Hypothese späterer »Herausgeber« der Schriften des Thukydides.
(Vgl. E. Schwartz, *Das Geschichtswerk des Thukydides*, Bonn 1919; B. G. Niebuhr, »Über Xenophons Hellenika«, *Rheinisches Museum*, 1, 1827; usw. – siehe die bei Canfora, *Tucidide*, S. 118 f. und Hornblower, *Thucydides*, im Kapitel VI angegebene Literatur. Für einen Überblick über die Forschungen zur »thukydideischen Frage« siehe die Artikel im »großen« und »kleinen Pauly«, d. h.: Pauly-Wissowa's *Realencyclopädie der classischen Altertumswissenschaften* (=RE), Suppl. XII, München 1970, Sp. 1085 ff. von Otto Luschnat;

und *Der Kleine Pauly/Lexikon der Antike*, München 1975, Bd. 5, Sp. 792 ff., von H. R. Breitenbach.)
Da hört das Werk des einen sieben Jahre vor Kriegsende abrupt auf – obwohl sich in einer Zwischenbemerkung (dem sog. »zweiten Proömium«) der Hinweis darauf findet, daß Thukydides den *ganzen* Krieg bis zur Zerstörung der Mauern Athens erlebt und beschrieben habe –, um seine nahtlose Fortsetzung im Werk des anderen zu finden. Da heißt es vom einen, er sei zwanzig Jahre aus seiner Heimatstadt Athen verbannt gewesen (paradoxerweise aufgrund eines militärischen Erfolges über die Spartaner) und habe in Sparta im Exil gelebt – während der andere, von dem wir wissen, daß er im Exil war, sich über die Ursache seiner Verbannung wortreich ausschweigt, um dafür sämtliche spartanischen Feldzüge in einer Art Tagebuch aus dem Generalstab des Spartanerkönigs Agesilaos vorzuführen. Da wird Xenophon in einem spätantiken Überlieferungsstrang vor der Anschuldigung in Schutz genommen, er habe die Schriften des großen Thukydides plagiiert – während in einigen mittelalterlichen Codices beide Namen friedlich vereint auf den Konvoluten prangen. Da finden sich Spuren vom Werk des einen in dem des anderen – und Indizien für das Verschwinden des andern im Schweigen des einen …
Wurden hier die Papiere durcheinandergebracht? Und von wem? Der *investigator*, der hier weiterkommen will, braucht weniger eine Lupe als die Fähigkeit, sich in verschwundenen Bibliotheken zurechtzufinden. Dann *»findet«* er vielleicht eine verlorene Geschichte wieder.

3.

Um die Zeugen ins Kreuzverhör nehmen zu können, muß man ihre Sprache und ihr Milieu kennen. Man kann und sollte also ihre Schriften im Kontext lesen, wie dies Luciano Canfora vorführt. Wir haben seine lebendige, durchaus »aktualisierend« zugespitzte Version der Zeugenaussagen bewußt *nicht* krampfhaft an die vorliegenden deutschen oft betulich altertümelnden Übersetzungen des Thukydides und Xenophon angepaßt. (Allerdings wurden die folgenden deutschen Übersetzungen zum Vergleich herangezogen; bei kniffligen Stellen des Thukydides und der *Hellenika* wurde auf den griechischen Text zurückgegangen.)

THUKYDIDES:

- *Der peloponnesische Krieg* (Auswahl). Übersetzt und herausgegeben von Helmuth Vretska (Universal Bibliothek Nr. 1807), Stuttgart 1966;
- *Geschichte des peloponnesischen Krieges.* Eingeleitet und übertragen von Georg Peter Landmann (Bibliothek der Alten Welt), Zürich und München, 2. überarbeitete Auflage 1976;
- Für den griechischen Text: *Thucydidis Historiae* (ed. Henry Stuart Jones), 2 Bde., von John Enoch Powell überarbeitete und ergänzte Auflage, Oxford 1942.

XENOPHON:

- *Hellenika.* Griechisch-deutsch. Übersetzt und herausgegeben von Gisela Strasburger (Sammlung Tusculum), 2. Auflage, München und Zürich 1988;
- *Anabasis* (»Des Kyrus Anabasis. Der Zug der Zehntausend«). Übersetzt und eingeleitet von Helmuth Vretska (Universal Bibliothek Nr. 1184), Stuttgart 1983;
- *Memorabilien* (»Memoiren des Sokrates«). Übersetzt von Paul Laskowski, München 1960;
- *Über die Reitkunst / Der Reiteroberst.* Übersetzt von Richard Keller, Berlin-Hamburg 1984.

WEITERE ZEUGEN:

- »Der alte Oligarch« (Pseudo-Xenophon), *Der Staat der Athener* (eine anonyme Kritik der Athener Demokratie aus den Anfängen des peloponnesischen Krieges) wurde in der Edition und Übersetzung von Luciano Canfora benutzt: Anonimo ateniese, *La democrazia come violenza* (a cura di Luciano Canfora), Palermo 1982. (Vgl. auch L. Canfora, »Studi sull' Athenaion Politeia pseudosenofontea«, in: *Memorie Accad. Scienze Torino,* Classe II, Serie V. Vol. 4,1, 1980).

– Aristoteles' Verfassungsgeschichte *Der Staat der Athener*. Übersetzt und herausgegeben von Peter Dams (Universal Bibliothek Nr. 3010), Stuttgart 1970.
– Diogenes Laertius, *Leben und Meinungen berühmter Philosophen.* Aus dem Griechischen übersetzt von Otto Apelt, unter Mitarbeit von H. G. Zekl neu herausgegeben und kommentiert von Klaus Reich (Philosophische Bibliothek 53/54), Hamburg 1967.

4.

Nun erscheint das Faktum, dem der Historiker auf der Spur ist, als solches auf den ersten Blick allenfalls *mikro*historisch von Bedeutung: Puzzlespiel für Detektive und Philologen. Was geschah mit zwei Menschen in der Kriegs- und Bürgerkriegszeit, die Zeitgenossen waren und zudem zwei verschiedenen sozialen und (innen- wie außen-) politischen Lagern angehörten? Sind sich der Athener Aristokrat und Feldherr Thukydides und der athenische Ritter und Kavalleriehauptmann Xenophon in den Wirren des athenischen Bürgerkriegs nie begegnet?

Doch das Verschwinden der Geschichte des Thukydides – das abrupte Ende seiner *Historien* und das ungeklärte Ende seiner Person – ist auch von *makro*historischer Bedeutung; denn die Schriften der beiden, des Ritters und Söldners Xenophon und des Bergwerkbesitzers und Edelmannes Thukydides, sind gleichzeitig unsere wichtigste Quelle für den Niedergang des athenischen Imperiums.

Nun soll diese Recherche nicht alleine solchen Leserinnen und Lesern intellektuelle Spannung bereiten, die sich im

Milieu bereits auskennen und jede Anspielung auf Thukydides' thrakische Besitztümer, auf Oligarchenklubs und den weißen Terror, auf Sophisten und Demokraten sofort verstehen. Damit also nicht nur Althistoriker ohne umfängliches Nachschlagen der verwickelten Spurensuche Luciano Canforas ohne weiteres folgen können, haben wir (wie bereits bei seiner Untersuchung über *Die verschwundene Bibliothek* von Alexandria, Rotbuch 1988, im Taschenbuch 1990) wieder ein kleines historisches Handlexikon beigefügt. Es besteht diesmal aus zwei Teilen, die die Orientierung in der historischen Zeit und im politischen Raum erleichtern sollen, in die uns Canforas Spurensuche verwickelt.

5.
Die folgende *Zeittafel* kann natürlich nur als grobe Orientierung dienen. Für eine knappe zusammenhängende Darstellung des peloponnesischen Krieges vgl. etwa das achte Kapitel Hermann Bengtsons im Bd. 5 »Griechen und Perser« der *Fischer Weltgeschichte*, Frankfurt a. M. 1965 (S. 149-184). Außerdem wurden natürlich einschlägige Nachschlagewerke wie der *Kleine Pauly/Lexikon der Antike*, 5 Bde., München 1975 (im Taschenbuch 1979) herangezogen, ebenso die Apparate und Kommentare zu den angeführten deutschen Übersetzungen des Thukydides und Xenophon.
Im Vordergrund der Chronologie stehen hier naturgemäß die wechselnden Spannungen – vom »kalten« bis zum offenen Krieg – zwischen den beiden hellenischen Großmächten Sparta und Athen sowie insbesondere die athenische Innenpolitik. Die athenische »große Politik« ist zwar, was ihr Personal angeht, für heutige Verhältnisse ein Mikrokosmos. Gleichwohl: man muß die Männer (es sind *nur* Männer), die sich alle wechselseitig von Angesicht zu Angesicht kannten, ihre *connections*, Verwandtschaftsbeziehungen und politischen Vorlieben (oder »Parteizugehörigkeiten«) kennen, ebenso wie ihre wichtigsten Gegenspieler in Sparta und

dann – gegen Ende des peloponnesischen Krieges, der vor allem an der jonischen Küste zur See entschieden wird – die kleinasiatischen Satrapen des Perserreichs.
Aber keine Angst, Dr. Watson, die Sache ist ziemlich überschaubar. *Elementary:* Die *hervorgehobenen* Namen sowie griechischen Begriffe werden für alle Fälle dann im nachfolgenden *Glossar und Personenlexikon* erläutert. Alle Jahreszahlen beziehen sich natürlich auf die Zeit *vor* Christi Geburt.

6.
Vor »Aktualisierungen« (die Eymar Fertig in *Buch und Bibliothek* moniert hat) haben wir uns wie bei Canforas *Verschwundener Bibliothek* auch diesmal im Glossar und Namenslexikon *nicht* gescheut, genauer gesagt: vor Analogien. Eine Analogie stellt einen Vergleich zwischen zwei unterschiedlichen Sachverhalten dar – sie stellt ihn eigentlich erst her: Der Vergleichspunkt, das *tertium comparationis*, ermöglicht es dann auch, die Unterschiede klarer zu fassen. Dann jedenfalls, wenn die Analogie schneidet und trifft.
Ein Beispiel: Canfora schreibt in seinem Buch von der Herrschaft der »Vierhundert« als einem *Putsch* (im italienischen Original deutsch). Im Glossar habe ich mich nicht gescheut, die Diktatur der »Dreißig« als *Junta* zu bezeichnen. Natürlich ist ein Junta-Mitglied der »Dreißig«, die i. J. 404 nach dem Zusammenbruch des athenischen *Empire* mit spartanischer Unterstützung eine Terrorherrschaft der Oligarchie errichten, nicht mit einem Schergen Pinochets gleichzusetzen (und auch die Truppen des *Lysandros* nicht mit dem CIA), und dies nicht nur wegen der unvergleichlich höheren intellektuellen Bildung eines Ultra wie *Kritias* (er war immerhin wie sein Gegenspieler Alkibiades Schüler des Sokrates), verglichen mit den Henkern der chilenischen Demokratie.
Die Analogie ermöglicht vielmehr, über die terroristischen Gemeinsamkeiten hinaus (z. B. der Umgang mit politischen

Gefangenen: die »Dreißig« treiben die Einwohner von Eleusis in einer Weise zusammen, die in der Tat an moderne Militärdiktaturen erinnert) die Unterschiede überhaupt *sichtbar* zu machen. Um beim Beispiel der Oligarchen-Junta zu bleiben, so macht der Vergleich mit heutigen reaktionären Diktaturen erst deutlich, daß es im klassischen Athen noch gar keine »funktionale Ausdifferenzierung« zwischen sozialer, politischer, kultureller und militärischer Elite gab. Die Militärs der »Dreißig« standen nicht *im Dienste* von Aristokraten, reaktionären Oberklassen, Plutokraten o. ä., es waren vielmehr – sieht man von der aus dem niederen Ritterstande stammenden Kavallerie ab, zu der auch Xenophon gehörte – dieselben *kaloi kagathoi*, also die Spitzen der Hocharistokratie selber, die in einer Situation der Lähmung des *Demos* (der Vielen, der »Volkspartei«) aus ihren Geheimgesellschaften (den »politischen Clubs« der *Hetairien*) heraus die Macht ergriffen haben.

Wollte man solche Analogisierungen völlig verbieten, so geriete man schnell in begriffliche Not. Denn schon der Begriff der *Demokratie* müßte dann aus unserem heutigen Vokabular gestrichen werden. Wenn man damit jedoch gleichzeitig die Demokratie der Alten und die der Heutigen bezeichnet, dann wird ein Gegensatz sichtbar, auf den bereits Benjamin Constant in seiner berühmten Rede *De la Liberté des Anciens comparée à celle des Modernes* (1819) hingewiesen hat: Im Vergleich zur liberal-repräsentativen Demokratie, die die politische Beteiligung des *citoyen* einschränkt und dafür die private Unabhängigkeit des *bourgois* in den Vordergrund stellt, kann die athenische (direkte) Volksdemokratie nicht nur als *Isonomie*, als bürgerliche Gleichberechtigung, als soziale und politische Teilhabe aller Vollbürger (an einem staatlichen Mindesteinkommen wie an allen Entscheidungen der Stadt) beschrieben werden (Christian Meier). Man kann sie dann auch als ein »militantes«, ja nahezu »totalitäres« Unterfangen verstehen: Der Bürger als Polis-Wesen

war auch in seinem Privatleben zur »politischen« Lebensführung verpflichtet – ein »Werkzeug der Polis«, wie sich Paul Veyne ausdrückt (Chr. Meier/P. Veyne, *Kannten die Griechen die Demokratie?*, Berlin 1988).
Die athenische Demokratie ist beides – militanter Parteienkampf *und* das erste Modell bürgerlicher Freiheit. Darin liegt noch heute ihre Faszination: Auch die politische Wissenschaft (die Frage nach der besten Regierungsform) entsteht mit dem Parteienkampf – und dieser Parteienkampf entzündet sich nicht zuletzt an der Außenpolitik. Die erste »Verfassungsanalyse« der Demokratie stammt aus der anonymen Feder eines »alten Oligarchen« – also von der Gegenpartei. Denn die entwickelte Verfassungslehre entsteht erst in den letzten Jahrzehnten des fünften Jahrhunderts, also in einer Zeit sich überstürzenden Verfassungswandels *(metabolé politeíon)*. Nicht weniger als fünf (von insgesamt elf!) der in Aristoteles' Verfassungsgeschichte geschilderten politischen Ordnungen Athens fallen in die in diesem Buch behandelte Zeit zwischen 415 und 403 v. Chr.: (Unter der *siebten* Verfassung) »machte der Staat durch die Volksführer die meisten Fehler, dazu verleitet durch seine Seeherrschaft. Die *achte* war die Einsetzung der Vierhundert und nach dieser die *neunte* wieder die Demokratie. Die *zehnte* die Tyrannis der Dreißig und der Zehn, die *elfte* nach der Rückkehr aus Phyle und Piräus, aus der sich die heutige weiterentwickelte, die dem Volk immer größere Macht einräumte« (*Der Staat der Athener*, 41.2; vgl. dazu jetzt: Francesco Ingravalle, »Conflitti e Trasformazioni costituzionali nella ›Costituzione degli Ateniesi‹ di Aristoteles«, in: *Filosofia Politica*, a. III, N. 2, Dez. 1989).

7.

Neben dem Mikrokosmos der athenischen Parteiungen kann man den »großen« Krieg zwischen Athen und Sparta – in dem sich Außen- und Innenpolitik verschränkten: die Oli-

garchen als Parteigänger Spartas und die Demokraten als Verfechter des attischen Imperialismus – auch in einen größeren Zusammenhang stellen, der die Grenzen des Konflikts und des Modells deutlich macht. Auch hier ergeben sich interessante Analogien. (Vgl. Luciano Canfora, *Analogia e storia. L'uso politico dei paradigmi storici*, Milano 1982.)
Athen, die demokratische Großmacht der Befreiung Griechenlands von den Persern, nutzt seine kriegsentscheidende Rolle zur See aus, um gegenüber den übrigen Alliierten (die vor Marathon und Salamis noch gegen die persische Gewaltherrschaft vereint gekämpft hatten) zur Supermacht zu werden. Dazu dient vor allem der Ausbau der militärisch-politischen Bündnisstrukturen in einem see-überspannenden Pakt, dem attisch-delischen Seebund (*N.A.T.O.:* »Nike Athene Treaty Organisation«). Dadurch aber wird die zweite Großmacht, die von einer oligarchischen Kriegernomenklatur beherrschte, eher defensive und in ihren Reaktionen »säumige« Landmacht Sparta unweigerlich zum »kalten Kriege« provoziert ...
Oder: Der ideologische Krieg zwischen Spartanern und Athenern, zwischen Oligarchen und Demokraten war ein Nebenkriegsschauplatz in sozialer wie geopolitischer Hinsicht: Ob nun 10 000, 5 000, 400 oder 30 männliche Vollbürger in Athen an der Macht teilhatten, war im Vergleich zur vier- oder fünffachen Mehrheit der rechtlosen Nicht-Bürger (Frauen, privaten und Staatssklaven) vergleichsweise belanglos. Sicher: Sparta hatte eine paramilitärische Erziehungsdiktatur, strikte Reglementierungen, keine Bananen, kulturell lief da nicht viel ab: »spartanische Verhältnisse« eben. Theater, Kunst, Kultur: Weltniveau, die besten Bildhauer und weisesten *(sophistoi)* Philosophen fanden sich eher in Athen: Die *jeunesse dorée* der Athener Oberklasse liebäugelte gleichwohl immer eher mit Sparta (solange sie nicht selbst dort leben mußte). Trotzdem: Die Lebensbedingungen der spartanischen Heloten waren jedenfalls weitaus

menschlicher als die der Athener Bergwerkssklaven – Oder aber: Der Konflikt zwischen dem »oligarchischen« Sparta und dem »demokratischen« Athen ist nur ein letzter Kampf griechischer Stadtstaaten im Wasserglas. Machtpolitisch wird der Ausgang des peloponnesischen Kriegs bereits von der neuen Großmacht im östlichen Mittelmeer, Persien, entschieden, das dann erst im darauffolgenden Jahrhundert durch eine analoge territoriale Macht (das Makedonische Reich) ernsthaft gefährdet werden kann …
Und schließlich: Ist dieser Verlust der *Polis*-Autonomie im vierten Jahrhundert nicht auch eine Konsequenz des Umstands, daß es in den griechischen Städten neben dem *closed shop* einer Bürgerschaft, deren Rechte die demokratische Partei gegen die (noch engeren) Oligarchenclubs vertritt, eine wachsende Anzahl von freien »Außenseitern« gab: »Gastarbeiter«, Händler, Söldner, wirtschaftlich immer wichtigere *Metöken* oder auch politische Exilanten – von den ohnehin mobilen Philosophen einmal ganz abgesehen? All diese »Wirtschaftsasylanten« und Glücksritter, Freiberufler und Facharbeiter waren keine Sklaven, sondern Freie, doch abgesehen von Honorarkonsuln für Griechen aus befreundeten Poleis *(Proxenie)* hatten sie keinerlei politische Mitwirkungsrechte – nicht einmal ein kommunales Wahlrecht für Ausländer. Welches Interesse sollten sie an einer Demokratie haben, in der einzig Athener, Korinther, Thebaner – also die Vollbürger – das Sagen hatten? Zur multikulturellen Stadt entwickelte sich nicht der Bürgerclub der Polis-Mitglieder von Athen, sondern erst Städte wie Alexandria, die *Megalopolis* des Alexanderreichs und seiner Diadochen (siehe Paul McKechnie, *Outsiders in the Greek Cities in the Forth Century BC*, London–New York 1989).

8.

»Derselbe historische Gegenstand, nämlich der *Demos* von Athen in der Periode seiner imperialen Herrschaft – schreibt

Canfora in seiner Studie über die Analogie als historisch-politische Methode – kann durch ganz verschiedene Analogien erfaßt werden.«
Eine fruchtbare Analogie ist die des Historiker-Detektivs, der kein allwissender Beobachter ist, sondern in seinen Quellen nach Indizien sucht.* Doch er weiß auch: »nicht jedem ersten besten darf er trauen«. *Otto Kallscheuer*

* Die allerneueste Spekulation sei am Rande erwähnt: In einer auf der nordägäischen Insel Thasos gefundenen Inschrift mit den Namenslisten des örtlichen Magistrats taucht ein gewisser *Lichas, Sohn des Arkesilaos*, für das Jahr 397 als Archont auf. Denselben Namen (und denselben Vaternamen) trägt nun auch ein Spartaner, der im fünften und achten Buch des Thukydides häufig erwähnt wird (V.22; V.50; V.76; VIII.39; VIII.43; VIII.52; VIII.84-87). Mit diesem Lichas, der i. J. 411 mit dem persischen Satrapen *Tissaphernes* zusammenarbeitete, als dieser (unter dem Einfluß von *Alkibiades*) in den Verdacht einer Schaukelpolitik zwischen Sparta und Athen geriet, hatte die um ihre Unabhängigkeit gegenüber den Persern besorgte Stadt Milet ein Hühnchen zu rupfen: Tissaphernes hatte ihnen ein Fort mit persischer Besatzung vor die Nase gesetzt, die Milesier warfen die Perser wieder hinaus, während Lichas von ihnen Loyalität gegenüber Tissaphernes verlangte. »Aus diesen und noch mehr Gründen erzürnten sich die Milesier über Lichas, und als ihn später *(hysteron)* eine Krankheit dahinraffte, erlaubten sie nicht, ihn da zu begraben, wo die anwesenden Spartaner wollten.« (VIII.84). – Wenn dieser Lichas mit seinem Namensvetter auf der Inschrift von Thasos identisch sein sollte, dann muß der Verfasser dieser Zeilen 397 noch gelebt haben.
Nun ist 397 recht viel »später« als die Ereignisse von 411; und auch die Namen Lichas und Arkesilaos sind so selten wiederum nicht: Die Annahme, es handele sich bei dem Inschriften-Lichas und dem bei Thukydides erwähnten um dieselbe Person, steht somit auf recht schwachen Füßen (vgl. die von Simon Hornblower, *Thucydides*, a. a. O., S. 151-153 angeführte Literatur). – Nehmen wir aber einmal an, trotz der Kritik des *Bulletin Épigraphique* (J. u. L. Robert, *REG*, XCVII, 1984) an der Identifikation des »Thasos-Lichas« und des »Thukydides-Lichas« würde sich herausstellen, es handele sich bei beiden um ein und dieselbe Person. Was würde das beweisen? Sicher nicht, daß Thukydides selbst die angeführte Passage verfaßte. Wenn Thukydides 397 noch gelebt hätte, hätte er ganze Abschnitte seiner Geschichte anders schreiben müssen (siehe in diesem Buch Kapitel XXIII »Thukydides verschwindet«).
Im Gegenteil bekäme damit die Hypothese Luciano Canforas, daß Xenophon als Herausgeber der erst von ihm, wie es bei *Diogenes Laertius* heißt, »veröffentlichten Schriften des Thukydides« v. a. in Buch V und VIII eine Reihe eigener Zusätze hinzugefügt hat, noch zusätzliche Evidenz. Derselbe »später« verstorbene Spartaner *Lichas Arkesilaos' Sohn* war nämlich auch der Anlaß des Streites zwischen Sparta und Elis während der Olympischen Spiele d. J. 420 gewesen: Und just diese Episode gibt der inzwischen in Elis auf seinem Landgut Skillus ansässige Xenophon sowohl in seinen Zusätzen zum fünften Buch des Thukydides (V.50.4) als auch in den *Hellenika* ausführlich wieder (siehe in diesem Buch das Kapitel XX »Xenophon als Koautor«): Die Szene, wie man Lichas – der (weil Sparta 420 von der Teilnahme an den olympischen Spielen ausgeschlossen war) »sein Gespann den Thebanern übergeben hatte, als er bei der Verkündung der Sieger ins Stadion trat, um seinem Wagenlenker einen Kranz aufzusetzen – wie einen alten Mann aus dem Stadion prügelte« (*Hellenika*, III.2.21)

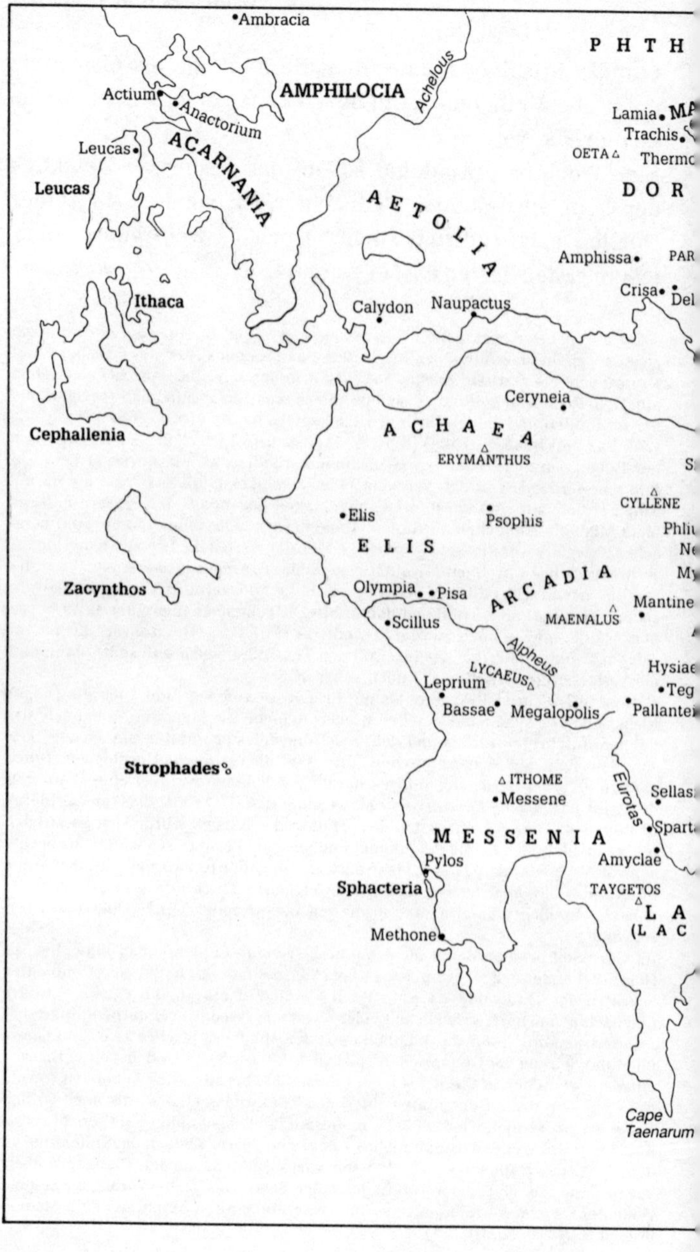

Ambracia
AMPHILOCIA
Achelous
Actium
Anactorium
Leucas
ACARNANIA
Leucas
AETOLIA
Ithaca
Calydon
Naupactus
PHTH
Lamia
Trachis
OETA
Thermo
DOR
Amphissa
PAR
Crisa
Del
Ceryneia
Cephallenia
ACHAEA
ERYMANTHUS
CYLLENE
Elis
Psophis
Phliu
ELIS
Zacynthos
Olympia
Pisa
ARCADIA
Mantine
MAENALUS
Scillus
Alpheus
LYCAEUS
Leprium
Hysiae
Teg
Bassae
Megalopolis
Pallante
Strophades
ITHOME
Messene
Eurotas
Sellas
Spart
MESSENIA
Pylos
Amyclae
Sphacteria
TAYGETOS
LA
(LAC
Methone
Cape
Taenarum

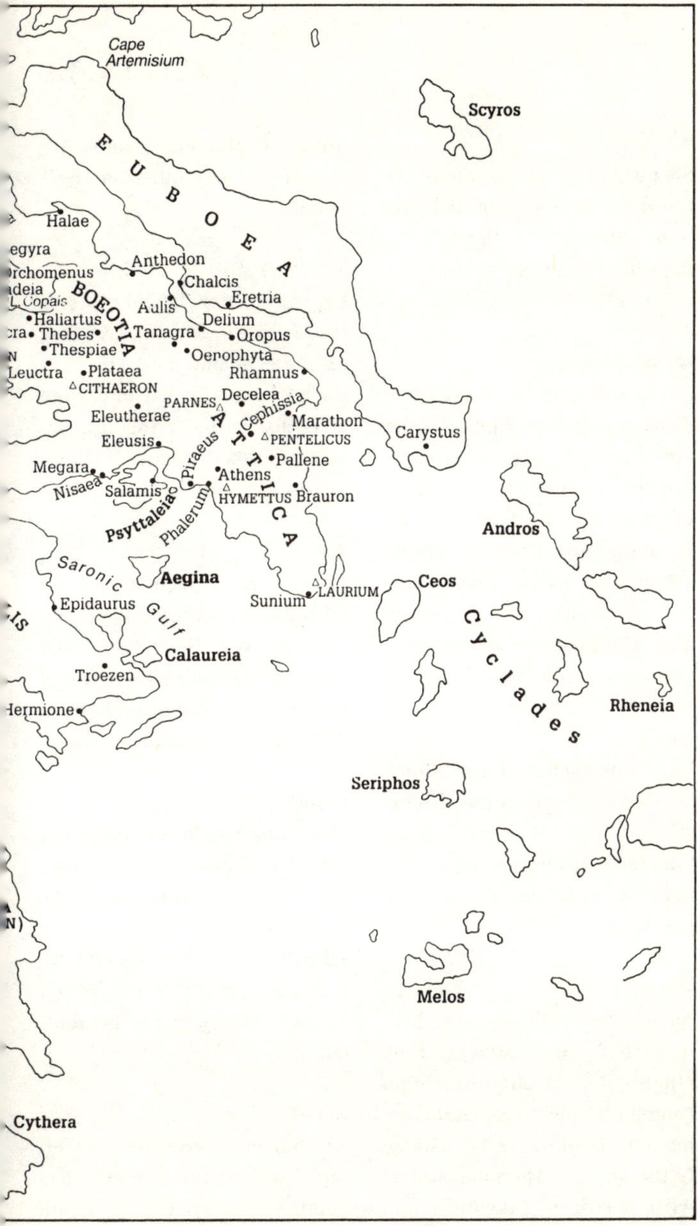
Cape Artemisium
Scyros
EUBOEA
Halae
Anthedon
Chalcis
Eretria
BOEOTIA
L. Copais
Aulis
Haliartus
Thebes
Tanagra
Delium
Oropus
Thespiae
Oenophyta
Leuctra
Plataea
CITHAERON
Rhamnus
PARNES
Decelea
Eleutherae
Cephissia
Marathon
ATTICA
Eleusis
PENTELICUS
Carystus
Megara
Piraeus
Pallene
Nisaea
Salamis
Athens
HYMETTUS
Brauron
Psyttaleia
Phalerum
Andros
Saronic Gulf
Aegina
LAURIUM
Ceos
Sunium
Epidaurus
Cyclades
Calaureia
Troezen
Rheneia
Hermione
Seriphos
Melos
Cythera

480
Sieg der hellenischen Flotte unter dem athenischen Politiker und Strategen *Themistokles* über die Perser vor Salamis.

479-431
»Pentekontaëtie«
Die fast fünfzig Jahre der Blüte des perikleischen Athen und der Vorherrschaft des delisch-attischen Seebundes in der Ägäis. In der Furcht Spartas und seiner Bundesgenossen vor der athenischen Übermacht sieht *Thukydides* den »wahren Grund« für den 431 ausbrechenden peloponnesischen Krieg.

460-54
Ein athenisches Expeditionskorps nach Ägypten (zur Unterstützung des von Persien abgefallenen Lybierkönigs) wird nach sechs Jahren vernichtend geschlagen.

455
Ausbau der athenischen Seeherrschaft im Westmeer: Eine athenische Flottenexpedition (unter Tolmides) besiegt die peloponnesischen Küstenstädte Gytheion und Methone, unterwirft die Insel Zakynthos und bringt Kephallenia zum Anschluß an den attischen Seebund.

454 (oder 450)
Expedition der Athener (unter *Perikles*) im Westmeer: Sieg über die peloponnesische Seestadt Sikyon (im korinthischen Meerbusen) und erfolglose Belagerung der Hafenstadt Oiniadai (in Akarnanien).

446
Euboia erhebt sich gegen die athenische Vorherrschaft, ein spartanisches Heer fällt nach Attika ein; Perikles bewegt den spartanischen König zum Abzug und unterwirft Euboia.

446/45
Athen und Sparta schließen den sog. »Dreißigjährigen Frieden«, der eine Abgrenzung der Einflußsphären der beiden hellenischen Führungsmächte und die Regelung von Streitigkeiten durch Schiedsgerichte beinhaltet.

435-432
Streitigkeiten zwischen Athen und Korinth um Korkyra (das heutige Korfu) und Potidaia

(nördliche Ägäis) leiten die Periode der Spannungen zwischen dem peloponnesischen Bund (d. h. der stärksten hellenischen Landmacht Sparta, mit der u. a. auch Korinth verbündet war) und der attischen Seemacht ein.

431-404
Peloponnesischer Krieg

431-421
»Archidamischer Krieg«

431 (März)
Überfall der Thebaner (Bundesgenossen Spartas) auf die mit Athen befreundete Stadt Plataia (zwischen Attika und dem von Theben dominierten Böotien gelegen); das Unternehmen schlägt fehl, Athen legt eine Besatzung in die Stadt und läßt Frauen und Kinder evakuieren.

431 (Mai)
Erste Invasion der Spartaner in Attika, die athenische Bevölkerung flieht hinter die »langen Mauern«, die Athen mit seinem Hafen Piräus zu einer riesigen Festung verbinden. Athenische Strafexpeditionen auf der Peloponnes (»Politik der Nadelstiche« von der Seeseite), Einbruch der athenischen Seemacht in das Jonische Meer.

430 (Sommer)
Zweite spartanische Invasion in Attika; Ausbruch der Großen Pest in Athen.

429 (Sommer)
Kapitulation Potidaias nach zweijähriger Belagerung durch die Athener; *Perikles*, gerade erneut zum Strategen gewählt, stirbt an der Pest. Seine Nachfolger werden Politiker wie der Viehhändler und Demokrat *Kleon* (als Betreiber einer weiteren Expansionspolitik Athens) und dessen Widerpart, der stärker auf den status quo bedachte Entspannungspolitiker *Nikias*.

428
Die reiche Insel Lesbos fällt von den Athenern ab; Athen entsendet eine Strafexpedition.

427 (Sommer)
Bedingungslose Kapitulation von Mytilene (größte Stadt auf Lesbos) vor den Athenern; ebenso von Plataia gegenüber den Belagerungstruppen des peloponnesischen und böotischen Bundes: in beiden Fällen richten die Sieger Massaker unter den Unterlegenen an. In Korkyra kommt es zu einer oligarchischen Revolution; unter dem Eingreifen athenischer Streitkräfte wird der attische Einfluß wieder gesichert.

427 (Herbst)
Erste athenische Expedition nach Sizilien (gegen das mit den Spartanern vebündete Syrakus).

426
Athener weiten ihren Einfluß im Westen aus: Messana geht auf die Seite der athenischen Koalition über, die damit die Meerenge zwischen Italien und Sizilien kontrolliert.

425
Landung der Athener (unter *Demosthenes*) in Pylos in Messenien im Südwesten der Peloponnes; im August kapituliert die spartanische Besatzung auf der gegenüberliegenden Insel Sphakteria vor den athenischen Belagerern (unter *Kleon*).

424
Die Spartaner (unter *Brasidas*) weiten den Krieg nach Thrakien aus; die Städte Akanthos und Stageira auf der Halbinsel Chalkidike fallen vom attischen Seebund ab; Kapitulation von Amphipolis; der auf der Insel Paros stationierte athenische Stratege *Thukydides* kann durch Soforteinsatz der Flotte die Amphipolis vorgelagerte Hafenstadt Eion vor den Truppen des *Brasidas* sichern.

423 (Frühjahr)
In Athen (mit dem Wortführer *Nikias*) und Sparta setzen sich die Friedensparteien durch: »Einjähriger« Waffenstillstand zwischen Athen (auf Antrag des *Laches*) und Sparta.

422 (Herbst)
Die Athener (unter *Kleon*) versuchen, Amphipolis in Nordthrakien wieder zu erobern und erleiden dabei eine verheerende Niederlage; die beiden Führer der Kriegsparteien in Athen und Sparta, sowohl *Kleon* als auch *Brasidas*, fallen in der Schlacht.

421-414
Zeit des »unverläßlichen Waffenstillstands«

421 (April)
Nikiasfrieden, im Mai Defensivbündnis (»fünfzigjähriger Friede«) zwischen Athen und Sparta; Spartas bisherige Bundesgenossen Theben und Korinth akzeptieren den Frieden nicht.

420
Nikias' innenpolitischer Antipode *Alkibiades* wird zum ersten Mal zum Strategen gewählt. Bündnis zwischen Sparta und dem böotischen Bund unter

Theben – sowie als Antwort des *Alkibiades* »hundertjähriger« Bündnisvertrag zwischen Athen, Argos, Mantineia und Elis.

418
Schlacht von Mantinea: Sieg Spartas über Argos und seine Verbündeten. Argos schließt erneutes Bündnis mit Sparta.

417
In Athen versucht Hyperbolos eine geheime Volksabstimmung (»Ostrakismos«) zwischen der Kriegspartei (*Alkibiades*) und der Friedenspartei (*Nikias*) herbeizuführen, worauf sich die beiden Parteiführer in einer Art »großen Koalition« zum Wahlkartell zusammenschließen. Hyperbolos wird zur Verbannung verurteilt, *Nikias* und *Alkibiades* werden zu Strategen gewählt.

416
Athen unterwirft sich die (bisher neutrale) Stadt Melos, tötet alle Männer und läßt Frauen und Kinder in die Sklaverei verkaufen. – *Thukydides'* »Melierdialog« im fünften Buch seiner Geschichte des peloponnesischen Krieges gilt als prototypische Schilderung des Konflikts zwischen Recht und Machtpolitik.

415 (Sommer)
Ausfahrt der athenischen Flotte (unter *Alkibiades, Lamachos* und *Nikias*) nach Sizilien. Abberufung des *Alkibiades*, der in Athen wegen der Hermenfrevel vor Gericht gestellt werden soll, sich jedoch auf der Rückfahrt zu den Spartanern absetzt.

414-413
Belagerung von Syrakus durch die Athener.

413-404
sog. »dekeleischer Krieg«

413 (Frühjahr)
Sparta besetzt und befestigt (auf Rat des *Alkibiades*) den Ort Dekeleia und hat nun einen dauerhaften Stützpunkt auf Attika.

413
Zweiter Flottentransport der Athener (unter *Demosthenes*) nach Sizilien; totale Niederlage von Flotte und Heer Athens in Sizilien; *Nikias* und *Demosthenes* werden in Syrakus hingerichtet.

413/2
Schockwirkung des sizilischen Desasters: die Athener nutzen den Winter für neue Rüstung.

412
Vertrag wechselseitiger Unterstützung zwischen Sparta und Persien (mit *Tissaphernes*, dem Satrapen von Sardeis). *Alkibiades* taucht mit einer spartanischen Flotte (im Solde des *Tissaphernes*) an der jonischen Küste Kleinasiens auf.

411
Neuer spartanisch-persischer Vertrag. In Athen: Oligarchischer Staatsstreich (Machtergreifung der Vierhundert) und später, nach dem Abfall Euboias von Athen, »gemäßigt« oligarchische Verfassung der Fünftausend.

411
Seekrieg am Hellespont: Siege der athenischen Flotte über die Spartaner (Schlacht am »Hundsgrab« Kynos-Sema und Schlacht von Abydos, bei der *Alkibiades* auf seiten der Athener und der Satrap von Daskyleion *Pharnabazos* auf seiten der Spartaner eingreifen); *Alkibiades* wird von *Tissaphernes* festgenommen, entflieht und wechselt zur attischen Flotte (die wider das Oligarchenregime in Athen der demokratischen Partei die Treue hält).

410
Sieg der athener Flotte (unter *Alkibiades*) über die Spartaner bei Kyzikos. In Athen: Umsturz und Wiederherstellung der Demokratie.

409
Waffenstillstand zwischen Athen und dem persischen Satrapen *Pharnabazos*.

408 (Juni)
Triumphale Heimkehr des *Alkibiades* nach Athen.

407
Seesieg der Spartaner (unter *Lysandros*) über die athenische Flotte bei Notion.

406
Seesieg der Athener bei den Arginusen-Inseln (an der kleinasiatischen Küste bei Lesbos), Prozeß gegen die siegreichen Strategen.

405
Schlacht von Aigos-Potamoi (»Ziegenflüsse« auf der Halbinsel Chersonesos am Eingang in die Dardanellen), Sieg der Spartaner (unter *Lysandros*); Zerschlagung des attischen Seebundes; Ende des Jahres dann Seeblockade Athens durch die Flotten des peloponnesischen Bundes.

404
Kapitulation Athens (die von *Theramenes* ausgehandelt wird); erst sechs Monate darauf kapituliert die in Samos stationierte athenische Flotte vor den Spartanern unter *Lysandros*; Herrschaft der spartafreundlichen Junta der »Dreißig« in Athen.

403
Bürgerkrieg in Athen: die Volkspartei besetzt den Piräus (die exilierten Demokraten haben unter *Thrasybulos* eine Befreiungsarmee gebildet), der Kopf der Oligarchen-Junta *Kritias* fällt im Kampf; die »Dreißig« setzen sich nach Eleusis ab, in Athen verbleibt ein Übergangsregime der »Zehn«; der Spartanerkönig *Pausanias* vermittelt die »Aussöhnung« zwischen der Regierung der »Zehn« und der Volkspartei und ermöglicht so die Wiederherstellung der Demokratie. – Für einige Jahre besteht noch eine Oligarchenrepublik in Eleusis vor den Toren von Athen.

401
Zug des jüngeren *Kyros* (Satrap in Kleinasien, Bruder des neuen Großkönigs *Artaxerxes*) gegen den persischen Großkönig – bei den griechischen Söldnertruppen dieses »Aufstiegs« (Anabasis) ist auch *Xenophon* dabei –, Schlacht bei Kunaxa, Tod des Kyrus.

400-394
Spartanisch-persischer Krieg in Kleinasien.

399
Rückkehr der Truppen des Kyrus unter *Xenophon* und Vereinigung mit dem von *Thibron* kommandierten spartanischen Heer in Kleinasien.

396
Die Spartaner entsenden *Agesilaos* nach Kleinasien.

395-386
sog. »Korinthischer Krieg«
Gegen die spartanische Oberherrschaft in Griechenland verbünden sich Theben, Korinth, Argos und Athen, deren Widerstand nicht zuletzt durch die kleinasiatischen Satrapen des Perserreichs unterstützt (und z. T. finanziert) wird.

395
Agesilaos schlägt bei Sardes die persische Reiterei. In Griechenland bricht anläßlich eines Konfliktes zwischen Phokis und Lokris ein Konflikt zwischen Theben und Sparta auf.

395 (Herbst)
Niederlage der Spartaner gegen Böotien in der Schlacht bei Haliartos (in der *Lysandros* fällt). *Agesilaos* wird von den Spartanern aus Kleinasien zurückberufen, in seinem Gefolge kehrt auch *Xenophon* nach Griechenland zurück.

394 (August)
Sieg der Spartaner über Theben in der Schlacht von Koroneia.

394 (August)
Wende im Seekrieg: Die persische Flotte des Satrapen *Pharnabazos* (unter dem Oberbefehl des Atheners *Konon*) zerschlägt in der Schlacht von Knidos die Flotte der Spartaner vollständig. Alle spartanischen Stützpunkte in der östlichen Ägäis – von Kos bis Lesbos – fallen von Sparta ab; *Pharnabazos* und *Konon* unternehmen Plünderungsfeldzüge bis zur Peloponnes. Besetzung der Insel Kythera.

393
Wiederaufbau der »langen Mauer« von Athen unter *Konon*.

Kleines Glossar, Namens- und Personenlexikon

Agesilaos
Spartanerkönig, Sohn des Doryssos, übernimmt 396 die kleinasiatischen Truppen im Krieg gegen die Perser, wird 394 nach Griechenland zurückberufen (mit ihm kehrt auch der Kommandant der »Anabasis«-Truppen der gescheiterten Kyros-Expedition *Thukydides* nach Griechenland zurück) und ist dann einer der wichtigen Heerführer der folgenden innerhellenischen Kriege und Festiger der spartanischen Macht. Nach einer gescheiterten Ägyptenexpedition stirbt er 360 auf der Rückreise in Kyrene.

Aigos-Potamoi
(griech. »Ziegenflüsse«) auf der Halbinsel Chersonesos, Ort der Entscheidungsschlacht am Ende des peloponnesischen Krieges, in der 404 die gesamte athenische Flotte von den Spartanern (unter *Lysandros*) vernichtend geschlagen wurde.

Akmé
(griech.) Blütezeit, Chance, Wendepunkt.

Alexikles
athenischer Stratege, der 411 beim Staatsstreich der »Vierhundert« mit den oligarchischen Verschwörern im Bunde war und sich nach ihrer Niederlage zu den Spartanern nach Dekeleia absetzte.

Alkibiades
(ca. 450-404) athenischer Politiker und Feldherr, Liebling der Götter und Athener, wurde als Star (Rennsieger der Olympischen Spiele 416) und Playboy, als genialer Stratege, als Demagoge und Hasardeur, der die innenpolitischen Parteien wie die kriegerischen Fronten mehrfach wechselte, für die spätere antike Geschichtsschreibung und Philosophie zum Prototypen des gewissenlosen Machtmenschen. Der

Sohn des Kleinias, mütterlicherseits aus dem angesehenen attischen Adelsgeschlecht der Alkmeoniden stammend, wuchs nach dem Tode seines Vaters im Hause seines Onkels und Vormundes *Perikles* auf. A. war zwar Schüler des *Sokrates* (Platon kolportiert im »Gastmahl« sogar eine zumindest hübsch erfundene Liebeserklärung und Verführungsszene; *Symposion*, 215-222), doch mit allen sophistischen Wassern gewaschen. Bereits 420 und 417/6 Stratege, wurde A. dann 415 (neben *Nikias* und *Lamachos*) einer der Leiter der von ihm durchgesetzten sizilischen Expedition. Aufgrund der Anklage der Gotteslästerung von Sizilien zurückbeordert, kehrte er nicht nach Athen zurück, sondern setzte sich in Thurioi ab und schloß sich dem Erbfeind Sparta an (und wird dort zum Militärberater für die anti-athenischen Unternehmungen). Mit der spartanischen Flotte wechselte er an den Hof des persischen Satrapen *Tissaphernes*, um später nach diversen politischen Manövern als Chef der demokratisch gesinnten attischen Flotte von Samos (die ihn 411 zum Strategen wählt) die athenische Position zur See wiederherzustellen. Vom Volk zurückgerufen, hielt er 408 als Sieger einen triumphalen Einzug in die Vaterstadt. Nach der Kapitulation Athens floh er 404 an den Hof des persischen Satrapen *Pharnabazos* nach Daskyleion, wird dort aber auf Betreiben der Spartaner und der ihnen verbundenen athenischen Militärdiktatur der »Dreißig« ermordet.

Anabasis

des *Kyros* (griech. »Aufstieg«), Feldzug des Kyros mit griechischen Söldnertruppen gegen seinen Bruder und Großkönig *Artaxerxes* (401). Nach dem Tode des Kyros in der Schlacht von Kunaxa Rückmarsch der griechischen Truppen unter *Xenophon*, der diesen »Zug der Zehntausend« in seinem gleichnamigen Kriegstagebuch beschrieben hat.

Andokides
attischer Redner (ca. 440 geboren) aus vornehmer Familie, wurde nach dem Hermenfrevel (415) beschuldigt und mit seinen Angehörigen eingekerkert. Durch die Preisgabe von Schuldigen kam er als »Kronzeuge« frei, ging aber später ins Exil, aus dem er erst nach der Amnestie von 403 zurückkehrte. 399 verteidigte er sich dann (in der ersten der drei von ihm überlieferten Reden) erfolgreich gegen die anhängige Anklage des Religionsfrevels, muß später aber wieder aus politischen Gründen ins Exil.

Androkles
athenischer Demagoge, erbitterter Gegner und 415 im Prozeß um den Hermenfrevel einer der Ankläger des *Alkibiades*, dessen Rückkehr nach Athen er später zu verhindern suchte. Er wurde 411 ermordet.

Antiphon
(geb. um 480) Sohn des Sophilos aus Rhamnus, attischer Redner, laut Thukydides der Drahtzieher des Putsches der Vierhundert (411), wird nach dem Ende der Oligarchie in einem Hochverratsprozeß trotz glänzender Verteidigungsrede verurteilt und hingerichtet.

Archestratos
Athener, der am Ende des peloponnesischen Krieges (405/4) auf der Volksversammlung für die Annahme der spartanischen Friedensbedingungen eintrat (und dafür sofort verhaftet wurde).

Archidamos
Spartanerkönig, der die spartanische Invasion Attikas (431) leitete (nach ihm nennt man die erste Phase des peloponnesischen Krieges bis zum »Nikiasfrieden« 431-421 auch den »archidamischen Krieg«).

Archinos
gemäßigter athenischer Politiker Ende des 5. Jahrhunderts, der 403 mit der demokratischen Partei des *Thrasybulos* beim Sturz der »Dreißig« nach Athen zurückkehrte und die allgemeine Amnestie durchsetzte, allerdings den Antrag des *Thrasybulos*, die Bürgerrechte auch auszuweiten auf Nicht-Vollbürger, die auf der Seite der Demokraten gegen die Diktatur gekämpft hatten, erfolgreich als »verfassungswidrig« blockierte.

Aristarchos
athenischer Politiker, war 411 ein Ultra der Oligarchenverschwörung der »Vierhundert«, beging nach ihrem Sturz Landesverrat und spielte Böotien die attische Grenzfeste Oinoe zu. 406 wird er von den Athenern gefangengenommen und hingerichtet.

Aristogeiton
athenischer Tyrannenmörder, der 514 zusammen mit *Harmodios* den Peisitrates-Sohn und Herrscher *Hipparchos* umbrachte. (Doch dessen älterer Bruder *Hippias* überlebt und regiert noch bis 510.)

Artaxerxes
Sohn des Darius II., persischer Großkönig (404-359).

Aspasia
aus Milet gebürtige zweite Frau des *Perikles*, die ihm den gleichnamigen Sohn gebar, war als intelligente, freigeistige und freizügige Frau mit wohl hohem politischen Einfluß Zielscheibe einer ganzen Serie von Beschuldigungen und Verleumdungen (auf Gottlosigkeit und Kuppelei) seitens der konservativen Partei und der attischen Komödiendichter.

Böotien
nordwestlich an Attika angrenzender Landstrich mit Hauptort Theben. Der »böotische Bund« Thebens war während des peloponnesischen Krieges mit dem peloponnesischen Bund unter Sparta gegen die Athener liiert.

Brasidas
spartanischer Feldherr der ersten Phase des peloponnesischen Krieges, versucht nach 424 der Ausweitung der athenischen Seemacht zu Lande durch einen Angriff auf die thrakischen Verbündeten Athens zu begegnen, gewinnt die attischen Seebundstädte auf der Chalkidike und besiegt Amphipolis – dessen Hafenstadt Eion der Stratege (und Historiker) *Thukydides* gerade noch halten kann. 422 fällt B. ebenso wie sein athenischer Gegenspieler *Kleon* in der Schlacht bei Amphipolis.

Deinarchos
(geb. um 360 in Korinth) attischer Redner.

Dekeleia
der von den Spartanern (auf Anraten des *Alkibiades*) 413 besetzte und als Feste ausgebaute Ort im Zentrum von Attika (wohin sich 411 nach dem Zusammenbruch des Putsches der »Vierhundert« einige Oligarchenführer absetzen), nach dem auch die Schlußphase des peloponnesischen Krieges »dekeleischer Krieg« (413-404) benannt ist.

Demetrios
aus Magnesia, Grammatiker des 1. Jahrhunderts, aus dessen Biographiensammlung »Über homonyme Dichter und Schreiber« (d. h. solche gleichen Namens) später von *Diogenes Laertius* für sein Philosophenlexikon ausgeschlachtet wurde.

Demetrios
aus Phaleron (geb. vor 344), Staatsmann und Philosoph, Schüler des *Aristoteles* und Freund des *Theophrast*), war von 317 bis 307 Vorsteher von Athen. – Über sein weiteres Schicksal im ägyptischen Exil als Ratgeber des Diadochen Ptolemaios Soter siehe Luciano Canfora, *Die verschwundene Bibliothek*, Berlin 1988 (im Taschenbuch 1990), Kapitel IV. »Der Flüchtling«.

Demokratie
(griech. »Herrschaft des Volkes«, wobei *-kratía* die starke Bedeutung von »obsiegen«, »sich bemächtigen« hat): Regiment der Volksversammlung als oberstem Souverän, die in Athen auf *Solon* bzw. (nach der Tyrannis des *Peisistratos* und seiner Söhne) auf die Verfassungsreformen des *Kleisthenes* 510 zurückgeht.
Diese (»Verfassungs«-) Bedeutung von D. wird im 5. Jahrhundert überlagert durch einen »politischen« Begriff von D. als Partei der Vielen (vgl. Christian Meier, *Die Entstehung des Begriffs »Demokratie«*, Frankfurt/M. 1970). In den innenpolitischen Auseinandersetzungen Athens erhält D. gleichzeitig auch die Bedeutung von »Volkspartei«: Die Demokraten sind also die Gegner der (im Geheimen operierenden) *Oligarchie* und treten für eine Beteiligung aller männlichen und waffenfähigen Vollbürger an der politischen Macht und (durch staatliches Mindesteinkommen) am Reichtum des athenischen Imperiums ein. – Diese athenische Demokratie betraf jedoch nur Athener Vollpersonen (= waffenfähige Männer, deren *beide* Eltern selbst Athener sein mußten); *Metöken* waren keine Athener, Frauen und Sklaven keine Personen. Ökonomisch ruhte also auch die radikale D. auf der Sklavenarbeit – sowohl in der Hauswirtschaft als auch in der Staatswirtschaft (etwa den Bergwerkssklaven) – außenpolitisch war sie in der Regel imperialistisch eingestellt. – Siehe als Parteigänger der D. in unterschiedlichen Phasen

des klassischen Athen *Kleon, Perikles, Themistokles, Thrasybulos*.

Demos
(griech.) das Volk (bzw. die Volksversammlung) der Vollbürger der *Polis*, in den innenpolitischen Auseinandersetzungen Athens im 5. Jahrhundert dann auch die »Partei« der Vielen – im Gegensatz zur oligarchischen Partei der Wenigen (siehe *Demokratie*).

Demosthenes
athenischer Feldherr, auf dessen Konto 425 die Eroberung der messenischen Stadt Pylos und der vorgelagerten Insel Sphakteria (im Südwesten der Peloponnes) geht. 413 leitet er das zweite Expeditionskorps der Athener nach Sizilien, erleidet dort eine Niederlage, kann *Nikias* nicht zum sofortigen Abzug bewegen und wird zusammen mit ihm im Landesinneren eingeschlossen, geschlagen, und in Syrakus hingerichtet.
Nicht zu verwechseln mit *Demosthenes* aus Paiana (384-322), dem berühmtesten Redner der Antike und Verteidiger der hellenischen *Polis*-Freiheit gegen Philipp von Makedonien.

Derkylidas
spartanischer Heerführer in Kleinasien, übernahm 399 das spartanische Heer von seinem Vorgänger *Thibron*, darunter auch die (ehemals) »Zehntausend« Söldner des Kyros-Feldzuges unter *Xenophon*. Sein Nachfolger wird dann 396 König *Agesilaos*.

Didymos
von Alexandria, griechischer Grammatiker und Bibliothekar des 1. Jahrhunderts.

Diodoros
Sohn des Historikers *Xenophon*, wie sein Vater athenischer Ritter.

Diogenes Laertius
Kompilator, lebte vermutlich gegen Ende des 3. nachchristlichen Jahrhunderts und verfaßte das heute bekannteste »Lexikon« der Spätantike *Leben und Meinungen berühmter Philosophen:* eine nach den Philosophenschulen der Antike gegliederte hemmungs- und häufig niveaulose Mischung aus Lehrmeinungen und Klatsch- und Tratschgeschichten über die philosophischen Gurus, Markt- und Meinungsführer, die er aus antiken Lexika und Autorenregistern zusammengeklaubt hat, wobei D. vermutlich die meisten der von ihm referierten gelehrten Thesen nur aus dritter und vierter Hand kennt.

Dreißig
die von den spartanischen Besatzungstruppen des *Lysandros* abhängige Oligarchenjunta in Athen, die sich 403 nach der totalen Kapitulation Athens bildete und als deren hardliner *Kritias* gilt. Die »Dreißig« werden von der bewaffneten Widerstandsbewegung des Demokraten *Thrasybulos* (die aus dem thebanischen Exil kommend zunächst die Grenzfestung Phyle und dann den Hafen Piräus erobert hat) nach Eleusis vertrieben, wo sich noch einige Jahre eine Oligarchenrepublik halten kann. Auf die »Dreißig« folgt in Athen das Übergangsregime der »Zehn«, das unter Vermittlung des demokratenfreundlichen Spartanerkönigs *Pausanias* mit der »Piräus-Partei« durch die Wiederherstellung der Demokratie abgelöst wird.

Eleusinische Mysterien
nach dem Demeter-Kultort Eleusis (zwischen Athen und Korinth) genannte agrarische Fruchtbarkeitsriten (die vermut-

lich aus vorhellenischer Zeit stammten), die in Athen zum Staatskult gehörten und u. a. jährlich eine Prozession nach Eleusis einschlossen.

Eleusis
Ort vor Athen an der Straße nach Korinth, Demeterheiligtum, nach 403 für einige Jahre Sitz einer aus Athen vertriebenen Oligarchenrepublik.

Ephoren
Die fünf (von der Vollversammlung der Spartiaten, also der spartanischen Vollbürger, für eine jährliche Amtszeit gewählten) *Ephoroi* waren zur Zeit des peloponnesischen Krieges praktisch das höchste Staatsorgan der oligarchischen Regierungsform Spartas. Ihnen unterstanden faktisch auch die Könige, vor allem oblag ihnen die Außenpolitik und die Richtlinienkompetenz der Kriegsführung.

Eratosthenes
athenischer Politiker der Oligarchenpartei, schloß sich 411 als Schiffskommandant den Oligarchen an, wurde dann 404 Juntamitglied der »Dreißig« und führte einige ihrer Strafaktionen durch. Nach der »Amnestie« von 403 konnte er sich – gegen die Anklagen des *Lysias* – erfolgreich einen Persilschein (als bloßer Mitläufer und Befehlsempfänger der Ultras) verschaffen.

Eukleides
aus Phleius, von *Xenophon* am Ende des siebten Buches der *Hellenika* erwähnter Hellseher, der ihn dazu anhält, nach Jahren dem Zeus wieder zu opfern.

Eukles
athenischer Stratege, der in der 424 vom spartanischen Heerführer *Brasidas* eröffneten thrakischen Front (zusam-

men mit *Thukydides*) für die athenischen Stellungen in Thrakien verantwortlich ist, aber den Abfall bzw. die Kapitulation von Akanthos, Stageira und Amphipolis auf und bei der Chalkidike nicht verhindern kann.

Euryptolemos
athenischer Bürger, verwandt mit *Alkibiades* und dem Sohn des *Perikles*, versuchte 406 beim Prozeß gegen die siegreichen Strategen der Schlacht bei den Arginusen vergeblich auf ein gesetzliches Verfahren zu drängen.

Fünftausend
»gemäßigt oligarchische« Verfassung in Athen (411/10) nach dem Sturz der »Vierhundert« (siehe dort) aufgrund des Abfalls von Euboia von Athen. – Von *Thukydides* wird dieses Regime der »Fünftausend« als die beste Verfassung bezeichnet, die er, »seit ich lebe«, in Athen kennengelernt habe: »es war dies ein vernünftiger Ausgleich (*métria synkrasis*) zwischen den Wenigen und den Vielen und hat aus mißlicher Lage die Stadt zuerst wieder hochgebracht« (VIII,97).

Gryllos
Sohn des Historikers *Xenophon*, wie sein Vater athenischer Ritter, kam bei einem Reitergefecht in der Schlacht von Mantineia 362 ums Leben.

Harmodios
athenischer Tyrannenmörder, der gemeinsam mit *Aristogeiton* 514 den Tyrannen *Hipparchos* ermordet. Dessen älterer Bruder *Hippias* jedoch bleibt am Leben und regiert noch einige Jahre.

Hetairien
im 5. Jahrhundert in Athen die »politischen Klubs« und Geheimbünde der Partei der *Oligarchie* (siehe dort).

Hipparchos

Sohn des Tyrannen Peisitratos, jüngerer Bruder des *Hippias*, mit dem zusammen er nach dem Tode seines Vaters 528/7 die Herrschaft in Athen übernahm. Auf ihn geht die massenhafte Aufstellung von Hermes-Stelen in der Stadt Athen zurück. 514 wurde er durch die Verschwörer *Harmodios* und *Aristogeitos* ermordet.

Hipparch

Kavalleriekommandant (ein Posten, den *Xenophon* 404 in Athen unter der Junta der »Dreißig« innehatte: *Hipparchikos logos* heißt sein Handbuch für den perfekten Reiteroffizier).

Hippias

Sohn des Tyrannen Peisistratos, seit dessen Tod 528/7 Herrscher von Athen, entgeht der Verschwörung (der sein Bruder Hipparchos 514 zum Opfer fiel) und regierte bis 510, als er durch das Eingreifen der Spartaner abgesetzt wurde.

Hoplit

mit Helm, Brustpanzer, Beinschienen, Rundschild, Lanze und Schwert schwerbewaffneter Krieger. Die Anzahl der Hopliten war der Kern der militärischen Schlagkraft der griechischen *Poleis*, aber auch Indiz für ihren Reichtum: d.h. die Anzahl wohlhabender wehrpflichtiger Bürger, die ihre teure Kriegsausrüstung selbst anschaffen konnten. – Im zweiten Buch gibt *Thukydides* die Anzahl der Hopliten Athens auf ca. 18 000 an.

Kimon

(ca. 510-450), Sohn des *Miltiades*, athenischer Politiker und Stratege aus der Hocharistokratie. Als konservativer Politiker war K. der Gegenspieler des *Themistokles*, den er 471 mit dem berühmten Scherbengericht (*ostrakismós*) in die Verbannung schicken kann. Nach zehn Jahren wird er selbst entmachtet und ins Exil geschickt. Sein bedeutendster militärischer Erfolg war der Doppelsieg über die Perser zu Wasser und zu Lande in der Schlacht von Eurymedon (nach 469). – Für die Geschichte des *Thukydides*, der mit K. verwandt war, sind diese familiären Beziehungen zu Thrakien wichtig: Es war K., der (wie Thukydides im ersten Buch eigens hervorhebt: I,98) die thrakische Stadt Eion für den attischen Seebund erobert hatte – dasselbe Eion, das Thukydides selbst (als einer der beiden für Thrakien zuständigen Strategen) 424 in einer Blitzaktion vor der Kapitulation vor den spartanischen Truppen des *Brasidas* bewahren konnte.

Klearchos
spartanischer Flottenkommandant an der jonischen Küste, der später in Sparta zum Tode verurteilt wird, 401 zur Armee des *Kyros* flieht und nach dessen Tod in der Schlacht von Kunaxa die griechischen Söldner anführt, bis er kurz darauf von *Tissaphernes* ermordet wird.

Kleon
der erste nicht aus dem Adel stammende Gewerbetreibende (den sowohl die attischen Komödiendichter als auch der »gemäßigt oligarchisch« urteilende *Thukydides* deshalb mit aristokratischem *dégout* lächerlich machen), der zum führenden athenischen Politiker wurde: radikaler Demokrat und Vertreter der Kriegspartei, innenpolitisch Gegenspieler des *Nikias*. Als Stratege erzielte er den bedeutenden Sieg über die von spartanischen Truppen besetzte Insel Sphakteria im Südwesten der Peloponnes. 422 fällt er in der Schlacht bei Amphipolis – ebenso wie sein spartanischer Gegenspieler *Brasidas*.

Kleophon
Lederfabrikant und athenischer Politiker, Führer der Demokraten und Sozialpolitiker (der ein staatliches Mindestein-

kommen für mittellose Bürger einführte). Als Anführer der Kriegspartei war K. für die bedingungslose Durchhaltepolitik Athens im »dekeleischen Krieg« (413-404) verantwortlich.

Konon
seit 414 einer der führenden Feldherrn Athens, setzt sich nach der athenischen Niederlage bei Aigos-Potamoi nach Zypern zu König Euagoras ab; operiert nach dem Bruch zwischen Persien und Sparta (400) gemeinsam mit den Persern unter dem Satrapen *Pharnabazos* (der auf Zypern eine Flotte bauen läßt, deren Kommando K. übernimmt) gegen die spartanische Flotte, der er 394 in der Schlacht bei Knidos eine vernichtende Niederlage bereiten kann. 393 läßt er die Mauern von Athen wieder aufbauen. Die Wiederannäherung von Sparta und Persien führt dazu, daß K. 392 vom persischen Satrapen auf dem Friedenskongreß in Sardeis festgenommen wird. Flucht nach Zypern, wo er stirbt.

Kritias
Sohn des Kallaischros, athenischer Putschist und Poet. Der aus altem attischen Geblüt stammende Aristokrat war wie *Alkibiades* Schüler des *Sokrates* (K. tritt auch in *Platons* Dialogen auf). K. war in der athenischen Politik einer der Drahtzieher der oligarchischen Reaktion und – gegen die imperialistische attische Demokratie – Freund der Spartaner. Daß K. des *Alkibiades* Rückkehr nach Athen betrieben hat, läßt den Verdacht als nicht unbegründet erscheinen, daß auch *Alkibiades* vom Staatsstreich der »Vierhundert« gewußt haben mag. Nach dem Fall Athens (404) war er Junta-Mitglied und Ultra innerhalb der Diktatur der »Dreißig« (berüchtigt für sein Massaker an der Bevölkerung von Eleusis) und fiel im Gefecht mit der von *Thrasybulos* geleiteten Volksbefreiungsarmee.

Kyros
persischer Satrap, Sohn des Großkönigs Darius II., Bruder und Rivale des Großkönigs Artaxerxes, läßt durch *Proxenos* griechische Söldnertruppen für seinen Feldzug gegen den Großkönig anwerben, fällt aber 401 in der Schlacht von Kunaxa.

Laches
ein reicher Athener, Politiker und Stratege (nach dem Platon seinen Dialog über die Tapferkeit benannte), war im peloponnesischen Krieg Anhänger des *Nikias* und Vertreter einer Entspannungspolitik zwischen den Vormächten Athen und Sparta. Nach ihm wird der einjährige Waffenstillstand (423) benannt; er gehörte zu den Unterhändlern des »Nikiasfriedens« und des Defensivbündnisses zwischen Athen und Sparta (421). Als Stratege mußte er entgegen seiner politischen Linie Argos und die aufständischen Peloponnesier gegen Sparta unterstützen und fiel 418 in der Schlacht von Mantineia.

Lamachos
athenischer Stratege aus einfachen Verhältnissen, einer der Gesandten, die in Sparta 422/1 den Nikiasfrieden aushandelten. 415 wird er mit *Alkibiades* und *Nikias* zu einem der drei Strategen der sizilischen Expedition gewählt und fällt bei der Belagerung von Syrakus.

Lange Mauern Athens
Die unter der Ägide des *Themistokles* ausgebauten (und nach den Perserkriegen von *Perikles* erweiterten) Festungsanlagen, die die Stadt mit dem Hafen Piräus zu einer einzigen Riesenfestung verbanden, bildeten eine der Grundlagen von *Perikles'* Sicherheitspolitik: Erlaubten sie es doch, Attika den auf dem Lande überlegenen Truppen der Spartaner zu überlassen und gleichwohl die Seehoheit des attischen Imperiums zu wahren.

Lysandros

spartanischer General, der als Flottenführer in der Schlußphase des peloponnesischen Krieges die Verbindungen zu den Persern (vor allem des jüngeren *Kyros*) organisierte und der athenischen Flotte die kriegsentscheidende Niederlage beibrachte: im Herbst 405 in der Schlacht bei Aigos-Potamoi. Danach liquidierte L. die Reste des attischen Seebundes und organisierte die Seeblockade Athens, das dann 405 bedingungslos kapitulierte. Überall in den ehemals mit Athen verbündeten Städten ließ er oligarchische Regimes errichten, so auch in Athen die Diktatur der »Dreißig«. (Gegen L.s Politik arbeitete allerdings der Spartanerkönig *Pausanias* 403 insgeheim der Widerstandsbewegung des *Thrasybulos* in die Hände und ermöglichte so im Zuge der »Aussöhnung« der athenischen Bürgerkriegsparteien die Wiederherstellung der Demokratie.) L., der erste Grieche, dem zu Lebzeiten göttliche Ehren erwiesen wurden, wurde mit wachsender militärischer Macht in Sparta angefeindet und versuchte eine Zeit lang vergeblich, sich zum König ausrufen zu lassen. Er fiel später im Krieg mit Theben (395).

Lysias

attischer Redner und Schriftsteller und Vorkämpfer der Demokratie (um 450 in Athen geb., lebte bis nach 380). L., als Sohn eines aus Syrakus stammenden Metöken in Athen nur Bürger zweiter Klasse, ging nach dem Tode seines Vaters nach Unteritalien, von wo er 412 aufgrund der athenerfeindlichen Stimmung wieder nach Athen zurückkehrte. Als Demokrat (der allerdings auch für kompromittierte Oligarchen einen rechtsstaatlichen Prozeß forderte) wurde er 404 unter der Militärdiktatur der »Dreißig« enteignet, sein Bruder *Polemarchos* wurde hingerichtet, und L. selbst mußte vor der Reaktion wiederum fliehen und kommt dann mit der Widerstandsbewegung des *Thrasybulos* zurück. Der Antrag des Demokraten *Thrasybulos*, den L. und andere Freiheitskämpfer zum Vollbürger zu machen, scheiterte an *Archinos'* Einspruch. L.'s Anklage gegen das Juntamitglied der »Dreißig« *Eratosthenes*, der für den Tod seines Bruders verantwortlich war, scheiterte an den Bedingungen der »Amnestie« von 403. In seiner »olympischen« Rede warnte L. 388 oder 384 vor der Gefahr einer antidemokratischen Allianz zwischen der persischen Großmacht und den griechischen Tyrannenstaaten in Sizilien und Unteritalien.

Lysimachos
von *Xenophon* erwähnter athenischer Kavalleriekommandeur unter dem Regime der »Dreißig« (siehe dort), der für das Massaker in Eleusis (mit) verantwortlich war.

Melesippos
Spartaner und Angehöriger der letzten Gesandtschaft Spartas nach Athen beim Ausbruch des peloponnesischen Krieges: er wurde allerdings auf Geheiß des *Perikles* mit seiner Gesandtschaft schon vor der Stadt aufgehalten und ungehört zurückgeschickt.

Metöken
(griech. *metoikoi*, »Mitbewohner« oder Beisassen) hießen in Athen die ständig ansässigen Fremden, die zwar sozial weitgehend integriert waren und unter dem Schutz der *Polis* standen, aber kein Land erwerben durften und selbst keine politischen Bürgerrechte genossen.

Miltiades
athenischer Aristokrat und Stratege, setzte 490 auf der athenischen Volksversammlung den Beschluß durch, den persischen Invasionstruppen entgegenzuziehen, um ihnen den Weg nach Athen zu versperren, und leitete in der Schlacht von Marathon (490) das griechische Heer. Seine Flottenexpedition gegen die persischen Einflüsse auf den Inseln des

Ägäischen Meeres scheiterte und führte zu seiner Entmachtung in Athen; er selbst starb an einer Verwundung, die er sich bei der Belagerung von Paros zugezogen hatte. Sein Nachfolger wurde der Demokrat *Themistokles*.

Nikeratos

Sohn des Nikias, der das Riesenvermögen seines Vaters durchbrachte (tritt in Platons *Laches* und im *Symposion* des Xenophon als frustrierter Dandy auf, der alle Gesänge Homers auswendig kann), wird 404 unter der Diktatur der »Dreißig« getötet.

Nikias

(von 469-413), Sohn des Nikeratos, Silberbergwerksbesitzer, athenischer Politiker und Stratege, war Anhänger des Perikles und versuchte nach dessen Tod (429) dessen Stabilitätspolitik fortzusetzen. Zur Wahrung der athenischen Seeherrschaft war er um eine Beendigung des militärischen Konflikts mit Sparta bemüht und läßt seinen Parteigänger *Laches* 423 die Athener auf der Volksversammlung zu einem Waffenstillstand mit Sparta bewegen. Der nach ihm benannte »Nikiasfrieden« soll 421 eine fünfzigjährige Sicherheitspartnerschaft der Großmächte Athen und Sparta begründen, wird aber durch *Kleons* (und dann *Alkibiades'*) populärere Expansionspolitik beständig unterlaufen. Eigentlich Gegner des »sizilischen Abenteuers«, wurde N. 415 einer der drei Strategen der Expedition, versuchte dann in Sizilien Schadensbegrenzung durch Risikominimierung, konnte sich aber gegenüber seinen Mitstrategen nicht durchsetzen. Nach Abzug von *Alkibiades* und dem Tode des *Lamachos* blieb er Oberbefehlshaber des Sizilien-Korps, erlitt bei der Belagerung von Syrakus eine verheerende Niederlage und wird zusammen mit dem Strategen der Ersatzflotte *Demosthenes* 413 in Syrakus hingerichtet.

Nikiasfrieden
siehe *Nikias.*

Oligarchie
(griech. »Herrschaft der Wenigen«), in antiken Staatslehren die Verfallsform der Aristokratie (griech. »Herrschaft der Besten«). Der Ausdruck O. bezeichnet in den innenpolitischen Auseinandersetzungen im Athen des 5. Jahrhunderts die antidemokratische Partei: Die *Oligarchen* waren die Vertreter aristokratischer Kreise, die sich in nicht-öffentlichen politischen Klubs (den »Hetairien«) organisierten, aus deren Milieu die Putschpläne und die psychologische Kriegsführung in der Volksversammlung, der »Einfluß auf Gerichte und politische Organe« (*Thukydides*) organisiert wurden. – Siehe *Eratosthenes, Kritias, Theramenes* für verschiedene Vertreter und Linien der Oligarchenpartei in Athen.

Pausanias
Sohn des Pleistoanax, nach dessen Tod 408/7 Spartanerkönig, war bei der Blockade Athens 405 dabei; versöhnte dann – gegen den Widerstand des spartanischen Feldherrn *Lysandros* – nach dem Zusammenbruch der spartafreundlichen Junta der »Dreißig« 403 die Bürgerkriegsparteien Athens und ermöglichte so die Wiederherstellung der Demokratie.

Peisandros
Athener aus Acharnai, war 415 Mitglied des Untersuchungsausschusses zum Hermen- und Mysterienfrevel und damals noch Demokrat, gehörte 411 zu den Führern des oligarchischen Staatsstreichs der »Vierhundert« und setzte sich nach dessen Zerschlagung zu den Spartanern nach Dekeleia ab.

Peisistratos
(561-528/7), athenischer Tyrann; seine Söhne und Nachfolger *Hippias* und *Hipparchos* hießen die »Peisistratiden«.

Pentekontaëtie
(griech. »die fünfzig Jahre«) nennt *Thukydides* die athenische Blütezeit nach dem Ende der Perserkriege bis zum Beginn des peloponnesischen Krieges (479-431), die durch die überragende Figur des Staatslenkers und Führers der radikalen Demokratie *Perikles* geprägt wurden.

Perikles
(ca. 490-429), Sohn des Xanthippos und einer Alkmeonidin, war der führende athenische Politiker und Stratege der radikalen Demokratie im fünften vorchristlichen Jahrhundert, Aristoteles nennt ihn (im *Staat der Athener*) den »Vorsitzenden der Volkspartei«. Nach der Konsolidierung der athenischen Vormachtstellung (mit der Unterwerfung Euboias) und der Abgrenzung der Einflußsphären gegenüber Sparta (im 446/5 geschlossenen »dreißigjährigen Frieden«) verfolgte P. einen außenpolitischen Stabilitätskurs. Mit der Figur des Staatslenkers P. verbindet *Thukydides* im ersten Buch seine Schilderung der sog. »Pentekontaëtie« – d. h. der (rund) »fünfzig Jahre« der Blütezeit Athens nach dem Abzug der Perser aus Griechenland (479-431); das politische Programm des P. fassen die beiden berühmten Reden im zweiten Buch des *Thukydides* zusammen (II, 34-46; II, 59 ff., siehe Thukydides' Würdigung der Rolle des P.: II, 65): Nach innen bedeutete die perikleische Demokratie eine Festigung der sozial- und kulturpolitischen Fundamente Athens – vom garantierten Mindesteinkommen bis zur Bau- und Kulturpolitik, inklusive Ausbau von Akropolis, Agora, Odeon, von Befestigungs- und Hafenanlagen (P.s enge Zusammenarbeit als Chef des Bauausschusses mit dem Bildhauer Pheidias wird später zum Gegenstand des Verdachts von Unterschlagung öffentlicher Gelder, der P. 430 sein Amt kosten wird.) Nach außen verfolgt P. den Ausbau der athenischen Seeherrschaft mit der Perspektive eines Umbaus des attisch-delischen Seebundes zu einem athenisch beherrschten demokrati-

schen Imperium. Innenpolitisch (durch das Erstarken sowohl der oligarchisch-konservativen Opposition als auch der radikalen Demagogen vom Schlage eines *Kleon*) wie außenpolitisch (durch das Erstarken Spartas und des peloponnesischen Bundes) gerät das perikleische Gefüge in den Jahren nach 435 ins Wanken. Gleichzeitig wird seine zweite Frau, die freigeistige und freizügige *Aspasia* von der Reaktion der Gotteslästerung angeklagt. P. kann nur mit Mühe ihren Freispruch erreichen. Gegenüber der spartanischen Invasion zeigt sich zwar die Richtigkeit der perikleischen Sicherheitspolitik des Rückzugs Attikas in die Großfestung Athen/Piräus – Athen behält seine Vormacht zur See –, doch die große Pest (430/29) führt in Athen zu einem Stimmungsumschwung, dem P. schließlich zum Opfer fällt (er wird wegen Unterschlagungen verurteilt). 429 rehabilitiert, stirbt P. an der Pest.

Nicht zu verwechseln mit *Perikles*
Sohn des großen *Perikles* und seiner zweiten Gemahlin *Aspasia*, athenischer Stratege: Er wird als einer der siegreichen Strategen der Arginusenschlacht 406 in einem Schauprozeß zum Tode verurteilt und hingerichtet.

Pharnabazos
persischer Satrap von Daskyleion (an der kleinasiatischen Küste im Hellespont), Gegenspieler des Satrapen *Tissaphernes*, ab 413 Verbündeter der Spartaner, schließt 409 einen Waffenstillstandsvertrag mit Athen (auf Vermittlung des *Alkibiades*, den er dann nach der athenischen Niederlage 404 aufnimmt, jedoch auf Betreiben der Spartaner und ihrer Militärjunta der »Dreißig« in Athen ermorden läßt). Im spartanisch-persischen Krieg finanziert er den anti-spartanischen Widerstand in Theben, Korinth, Argos und Athen; im Seekrieg seit 396 läßt er vom exilierten Athener Admiral *Konon* auf Zypern eine Flotte bauen, die dann 394 in der

Seeschlacht von Knidos die Seeherrschaft Spartas zerschlägt und 393 die spartanischen Besitzungen Melos und Kythera erobert.

Philesia

Frau des *Xenophon* und Mutter seiner beiden Söhne (mit dem Spitznamen »die Dioskuren«) *Diodoros* und *Gryllos*.

Phrynichos

oligarchischer Politiker und Stratege in Athen, einer der führenden Köpfe des oligarchischen Staatsstreichs der »Vierhundert«, wird 411 auf offenem Markt erschlagen.

Phyle

ursprünglich Stamm, in der klassischen Zeit Bezirk innerhalb der athenischen *Polis*. Es gab 10 Phylen, die auch als Basis für die Heeresorganisation dienten.

Piräus

(Peiraieus), der Hafen Athens, der mit der Stadt durch die »Langen Mauern« verbunden war. – Da die Flottensoldaten eher aus den ärmeren Bürgerschichten kamen (ihr Sold wurde vom Staat bezahlt), war der Hafen häufig Ausgangspunkt des demokratischen Widerstands gegen Putschpläne und Staatsstreichregime der athenischen Oligarchie, so bereits unter dem Regime der »Vierhundert« i.J. 411 (als die Soldaten beim Bau des Kastells auf der dem Hafen vorgelagerten Landzunge von Eetoneia einen Verrat der Oligarchen zur Vorbereitung einer spartanischen Invasion vermuteten). Beim Bürgerkrieg gegen die Oligarchendiktatur der »Dreißig« in Athen konnte sich 403 die aus Exilanten gebildete bewaffnete Widerstandsbewegung des *Thrasybulos* zuerst im Piräus festsetzen.

Plutarch
von Chaironea, bedeutender Historiker (der *Bioi paralleloi*, der stets eine griechische und eine römische Figur vergleichenden Biographien) und Philosoph (Verfasser der *Moralia*) im 1. Jhdt. (ca. 45-120) nach Christus, weitgereister Weltbürger, der dennoch seiner Heimatstadt treu blieb und dort eine Art Privatakademie führte.

Polis
griech. Stadtstaat (Plural: *Poleis*).

Proömium
(*prooímion*, griech. Vorwort), hier bezogen auf *Thukydides'* Geschichte des peloponnesischen Krieges, in der sich außer dem eigentlichen Vorwort zu Beginn des ersten Buches (I,1) im fünften Buch nach der Schilderung des »Nikiasfriedens« noch ein in der Thukydides-Forschung sogenanntes »zweites Proömium« (V, 25-26) findet. – Luciano Canfora deutet dieses Proömium als später hinzugefügte editorische Vorbemerkung *Xenophons* in seiner Eigenschaft als Herausgeber der »unveröffentlichten Schriften des Thukydides« (*Diogenes Laertius*). Siehe Kapitel XX-XXII dieses Buches.

Proxenie
Botschafter oder Wahlkonsul einer griechischen Polis in einer anderen Stadt. Die *proxenía* war ein Ehrenamt, das mit einer Art völkerrechtlichem Status verbunden war (und daher auch an verdiente Fremde verliehen wurde).

Proxenos
aus Theben, Schüler des Sophisten Gorgias und Freund des *Xenophon*, der im Auftrage des jüngeren *Kyros* Söldner für dessen Feldzug (angeblich gegen die Pisider, doch in Wirklichkeit gegen seinen Bruder, den Großkönig *Artaxerxes*), anwerben ließ und auch *Xenophon* zur Teilnahme überre-

dete. Die »Anabasis« leitete er als Kommandant, wurde aber nach der Schlacht von Kunaxa (in der Kyros fiel) vom Satrapen *Tissaphernes* überlistet und am Hofe des Großkönigs umgebracht. Sein Nachfolger als Befehlshaber wurde dann Xenophon.

Rhetor
(griech.) Redner.

Rhinon
aus Paiana, erfolgreicher Wendehals: attischer Politiker und Führer der »Zehn«, der 403 an der »Aussöhnung« mit der gegen die Oligarchendiktatur der »Dreißig« siegreichen demokratischen Aufständischen beteiligt war, »und nachdem (Rhinon und sein Kompagnon Phayllos) die Regierungsgeschäfte in der Oligarchie übernommen hatten, legten sie ihre Rechenschaft in der Demokratie ab«, ohne daß – wie *Aristoteles* in seiner Verfassungsgeschichte Athens hinzufügt – ihm jemand einen Vorwurf daraus gemacht hätte.

Seuthes
thrakischer Fürst der Odrysen, der 399 die Reste der Kyros-Expedition unter *Xenophon* zeitweilig in Dienst nimmt.

Sokrates
athenischer Philosoph (ca. 470-399), kritischer Rationalist auf der Suche nach dem guten Leben, wurde zu Lebzeiten zu Unrecht mit den *Sophisten* in einen Topf geworfen (die in der moralischen Legitimationskrise der athenischen *Polis* das Gute mit dem persönlich Nützlichen, dem Lust- und Machtgewinn identifizierten und deshalb Zulauf von der oligarchischen *jeunesse dorée* der athenischen Aristokratie hatten). Auch S.s Schüler gehörten zur athenischen Hocharistokratie, und zwar »sowohl Kritias, der gewalttätigste der Oligarchenpartei, als auch Alkibiades, der arroganteste Demo-

krat« (Xenophon, *Memorabilien*, I,2). 399 wurde S. wegen Verächtlichmachung der Götter Athens und zersetzendem Einfluß auf die Jugend hingerichtet. S.s Lehre blieb »ungeschrieben«, sein bedeutendster Schüler Platon entwickelte aus S.s kritischem Rationalismus eine davon gänzlich verschiedene idealistische Lehre, die er in seinen Dialogen pikanterweise von S. vortragen läßt. – *Xenophon*, der S. kannte, aber 399 in Kleinasien und Thrakien Söldner kommandierte, läßt in seinen philosophischen Schriften und Dialogen Sokrates im Milieu seiner aristokratischen Schüler auftreten und verfaßte auch eine *Apologie des Sokrates*, in der er (aus zweiter Hand) die Ankläger kritisiert.

Sophisten
(*sophistoi*, wörtlich »die Weisesten«) griechische Philosophenschule, die im 5. Jahrhundert ziemlichen Zulauf aus der Jugend der besseren Kreise hatte (wichtigste Vertreter: Protagoras von Abdera, Georgias von Leontinoi, Prodikos von Keos und Hippias von Elis). Die S. setzten in der moralischen Legitimationskrise der griechischen *Polis*-Ordnung das natürliche Streben der Menschen nach Lust und Macht als Kriterium des Wahren und Guten an (Protagoras: »Der Mensch ist Maßstab aller Dinge«) und wurden deshalb als zersetzend empfunden. *Sokrates*, der als Sophist attackiert (und verurteilt) wurde, teilt zwar ihre Haltung des rationalen »Hinterfragens«, hält aber an der Suche nach einem erkennbaren Guten und einem verbindlichen »guten Leben« fest. – Für *Thukydides'* Unterscheidung zwischen den »sichtbaren« Anlässen und Motiven und den »tieferen, wahren Ursachen« des peloponnesischen Krieges hat wohl auch die sophistische Schulung einer kritischen Infragestellung des »Offensichtlichen« eine Rolle gespielt.

Stratege
(griech. »Heerführer«): in Athen gab es ein Kollegium von

zehn Strategen, die von der Volksversammlung gewählt wurden; für auswärtige Kriegshandlungen wurde aus ihnen ein Oberkommando gebildet, so für die sizilische Expedition ein Dreierkollegium von *Strategoi autokrates* mit allen Vollmachten (*Alkibiades, Lamachos* und *Nikias*).

Themistokles
demokratischer Politiker Athens, Organisator des griechischen Widerstands in den Perserkriegen und Sieger der Seeschlacht von Salamis (480) gegen die Perser. Th. hatte sich bereits als Archon mit dem Ausbau und der Befestigung des Hafen Piräus (493/2), dann mit der (von Aristoteles beschriebenen: *Der Staat der Athener*, 22) demokratischen Verfassungsreform (487/6) und schließlich seinem durch die Staatseinnahmen aus den neuen Silberminen bei Laureion finanzierten Flottenprogramm (483/2) erfolgreich um die Begründung der athenischen Seemacht bemüht. – Wie viele athenische Politiker stirbt er nach seiner Entmachtung durch *Kimon* (461) im Exil – um 459 in Magnesia als Lehnsmann des Perserkönigs.

Theophrast
von Eresos, Schüler und erster Nachfolger des Aristoteles (seit 321 Scholarch der peripatetischen Schule), zwischen 288 und 283 im Alter von 85 Jahren gestorben.

Theramenes
(geb. um 455), athenischer Grundbesitzer, Redner, Stratege und als Politiker Vorkämpfer der »gemäßigten« Oligarchie; 411 ist Th. Mitglied im Rat der »Vierhundert«, setzt dann die Verfassung der »Fünftausend« durch, bleibt aber auch nach Wiederherstellung der Demokratie Stratege; war 406 bei der siegreichen Schlacht bei den Arginusen-Inseln als Schiffskommandant beteiligt und trat später in Athen beim Prozeß gegen die siegreichen Strategen als Zeuge auf; 405/4 ver-

handelt er nach der Niederlage Athens monatelang die Bedingungen der Kapitulation vor Sparta und gehört danach zur von Sparta eingesetzten Junta der »Dreißig«, wurde jedoch im Oktober 404 vom Verfechter der harten Linie *Kritias* des Verrats an der Oligarchie angeklagt, zum Tode verurteilt und hingerichtet.

Thibron
Führer des spartanischen Heeres im spartanischen Perserkrieg (400), dem sich 399 der Rest des »Zugs der Zehntausend« im Kyrosfeldzug anschloß, darunter auch *Xenophon.*

Thrasybulos
athenischer Politiker und Stratege und bedeutender Vorkämpfer der Demokratie in der Schlußphase des peloponnesischen Krieges: 411 veranlaßte er als Schiffskommandant (zusammen mit *Thrasyllos*) den Schwur der vor Samos stationierten Flottensoldaten auf die athenische Demokratie wider das in der Heimat regierende Putschregime der »Vierhundert«; betreibt dann die Rückkehr des *Alkibiades* (der sich auf die Seite der Demokratie geschlagen hatte). Unter der spartafreundlichen Diktatur der »Dreißig« muß er nach Theben ins Exil und organisiert 404/3 mit anderen demokratischen Exilpolitikern den bewaffneten Kampf gegen die Junta: Eroberung der Grenzfeste Phyle, dann des Piräus (*Kritias*, der *hard-liner* der »Dreißig« fällt in der Schlacht); danach Umsturz der Diktatur in Athen. Sein Antrag auf Einbürgerung aller Widerstandskämpfer scheitert an der Gegnerschaft des gemäßigten Demokraten *Archinos*. Anfang des 4. Jahrhunderts versuchte Th., den demokratischen Imperialismus Athens wieder zum Leben zu erwecken, fällt aufgrund militärischer Mißerfolge in Athen in Ungnade und stirbt auf einem Plünderungsfeldzug in Pamphylien.

Thrasyllos

athenischer Bürger und Stratege, der als Hoplit 411 in der vor Samos stationierten athenischen Flotte (mit *Thrasybulos*) den Schwur auf die Demokratie – wider das in Athen regierende Oligarchenregime – initiierte; nach Sturz der Oligarchie wird er Stratege; er unterstellte die Flotte *Alkibiades*; 406, nach dem Sturz des Alkibiades, einer der siegreichen Strategen der Schlacht bei den Arginusen, wird Th. mit fünf Mitstrategen wegen unterlassener Bergung von Schiffbrüchigen zum Tode verurteilt und hingerichtet.

Thukydides

Sohn des Oloros, athenischer Aristokrat, Stratege und Historiker (Verfasser der *Geschichte des peloponnesischen Krieges*).

Th. gehörte aufgrund seiner verwandtschaftlichen Bindungen zur Familie des *Miltiades* und *Kimon* zur athenischen Hocharistokratie, also den oligarchischen Kreisen, die der »Volkspartei« des *Perikles* feindlich gegenüberstanden. Er selbst lobt jedoch dessen politische Leistung, ist ein ausgesprochener Fan von Perikles' Ziehsohn *Alkibiades* und wahrt offenbar i. J. 411 beim Staatsstreich der »Vierhundert« den oligarchischen »Ultras« gegenüber politische Distanz. Aufgrund seiner familiären Beziehungen und Besitztümer in Thrakien ist er 424/3 als einer der zehn Strategen für die Sicherung des Einflußbereichs Athens in Thrakien verantwortlich: ihm gelingt es, auf dem (vom spartanischen Feldherrn *Brasidas* eröffneten) thrakischen Kriegsschauplatz das Desaster zu verhindern, indem er in einer Blitzaktion nach dem Fall von Amphipolis den Stützpunkt Athens in der Amphipolis vorgelagerten Hafenstadt Eion sichert. – Seine weitere Lebensgeschichte – also Fragen wie: Wurde er tatsächlich für zwanzig Jahre aus Athen verbannt? Hat er das Ende des peloponnesischen Krieges und die Oligarchendiktatur der »Dreißig« 404/3 überlebt? – läßt sich allenfalls aufgrund von Indizienbeweisen rekonstruieren. Siehe das Kapitel XXIII dieses Buches.

Tissaphernes
persischer Satrap von Sardeis in Kleinasien, war einer der Hauptakteure der Schlußphase des peloponnesischen Krieges und danach des zwischen Sparta und dem Perserreich neu aufbrechenden Konflikts: 413 schloß er einen Bündnisvertrag mit Sparta ab, wird dann von *Alkibiades* zu einer Schaukelpolitik zwischen Sparta und Athen überredet, 408 wird er durch den jüngeren *Kyros* abgelöst, der wieder eine eindeutig pro-spartanische Politik betreibt. Als *Kyros* später gegen seinen Bruder und neuen Großkönig *Artaxerxes* aufrüstet und 401 mit den griechischen »Anabasis«-Truppen zu Felde zieht, kann T. die Schlacht von Kunaxa mit der Reiterei entscheiden und die griechischen Heerführer in einen Hinterhalt locken und umbringen lassen. Danach verfolgt er die griechischen Söldner unter *Xenophon* und ist Anfang des 4. Jahrhunderts Kriegsgegner der Spartaner, bis er 395 von *Agesilaos* geschlagen wird. Aufgrund persischer Hofintrigen wird er enthauptet.

Triere
(griech. Dreiruderer): das klassische griechische Kriegsschiff mit drei Reihen Ruderer, ca. 35 m lang, ca. 5-6 m breit, Besatzung ca. 200 Mann, davon ca. ein Zehntel Seeleute und Schiffssoldaten, der Rest Ruderer. Schiff und Sold für die Mannschaft wurden vom Stadtstaat gestellt. Die Trieren waren das Herz der militärischen Stärke Athens und des attischen Seebunds – *Thukydides* zählt allein 134 Trieren beim ersten Aufbruch des Expeditionskorps nach Sizilien –, die Flotte des peloponnesischen Bundes (d. h. vor allem des mit Sparta verbündeten Korinth) war in der ersten Hälfte des peloponnesischen Krieges mit 25 Schiffen im Vergleich dazu verschwindend.

Vierhundert
oligarchischer Staatsstreich der »Vierhundert« i.J. 411 in Athen; wird nach dem Abfall Euboias vom attischen Bund (und dem Verdacht auf Kollaboration aus dem Kreise der Oligarchen mit den Spartanern) durch das »gemäßigt oligarchische« Regime der »Fünftausend« abgelöst. Die vor Samos stationierte athenische Flotte hingegen bleibt der Demokratie treu und wählt den *Alkibiades* zum Strategen. 410 kommt es in Athen zum Umsturz und zur Wiederherstellung der Demokratie.

Xenophon
(gest. nach 355) athenischer Ritter und Schriftsteller, verfaßte Kriegstagebücher, philosophische Dialoge (mit Sokrates als Hauptfigur, den er persönlich gekannt haben muß), neben politischen (spartafreundlichen), militärischen (Handbuch des Kavalleriehauptmanns), volks- und hauswirtschaftlichen Lehrschriften. (*Nicht* von X. hingegen stammt die anonyme oligarchische Kampfschrift des »Pseudo-Xenophon« *Über den Staat der Athener*!) – Seine historischen Schriften sind die *Anabasis* (Bericht vom »Zug der Zehntausend«, also griechischen Söldner im Feldzug des jüngeren *Kyros* und über ihren Rückzug nach der Schlacht von Kunaxa 401-399), die *Hellenika* (d.h. »griechische Geschichte«: die ersten beiden Bücher schließen an *Thukydides* an und behandeln das Ende des peloponnesischen Krieges, das dritte bis siebte Buch die spartanischen Perserkriege und den Aufstieg und Niedergang der Vormacht Spartas) und das *Enkomion auf Agesilaos* (eine nach dessen Tod 360 verfaßte Biographie und Lobeshymne auf den Spartanerkönig). – X. war unter der oligarchischen Militärdiktatur der »Dreißig« (411) einer der beiden Hipparchen, also Kavalleriekommandant, und erlebte offenbar das Ende der Junta selbst mit. 401 schließt er sich der *Kyros*-Expedition an, die er in der *Anabasis* beschrieben hat, 399 übergibt er die Reste

der »Zehntausend« dem spartanischen Oberkommandierenden *Thibron* und gehört in der Folgezeit zum Stab des Spartanerkönigs *Agesilaos*, an dessen Seite er auch 394 die Schlacht von Koroneia gegen die Thebaner und ihre Verbündeten (u. a. die Athener) mitmacht. Von den Spartanern erhält er ein Landgut bei Skillus in der Landschaft Elis, muß dies aber später nach dem Zusammenbruch der spartanischen Vorherrschaft wieder aufgeben und sich nach Korinth zurückziehen. Irgendwann in dieser Zeit wird auch seine Verbannung aus Athen – über deren Grund X. sich ausschweigt – aufgehoben; seine beiden Söhne, die »Dioskuren« *Gryllos* und *Diodoros*, dienen jedenfalls wieder in der athenischen Reiterei.

Zehn
(*Hoi Déka*), »gemäßigt oligarchisches« Übergangsregime in Athen i. J. 403 zwischen der Terrorherrschaft der »Dreißig« und der Wiederherstellung der Demokratie (siehe unter *Dreißig*).